Zur Dramaturgie der Nebenfigur in Theater und Film

von

Peter Hartmann

Tectum Verlag
Marburg 2000

Die Deutsche Bibliothek - CIP-Einheitsaufnahme

Hartmann, Peter:
Zur Dramaturgie der Nebenfigur in Theater und Film
/ von Peter Hartmann
- Marburg : Tectum Verlag, 2000
ISBN 978-3-8288-8177-8

© Tectum Verlag

Tectum Verlag
Marburg 2000

INHALTSVERZEICHNIS

I. EINLEITUNG: ZUORDNUNGSPROBLEME BEI NEBENFIGUREN 1

II. OPTIONEN ZUR ABGRENZUNG DER NEBENFIGUREN UND HAUPTFIGUREN ... 5

1. Abgrenzung im zentralen dramatischen Konflikt 5
2. Abgrenzung in episch-dramatischen Mischformen 7
3. Abgrenzung in epischen Konstruktionen 8

III. BEISPIELE FÜR FUNKTIONEN DER NEBENFIGUR IM THEATER 9

1. Antikes Theater 9
   a) Zur Poetik des Aristoteles 9
   b) Die Nebenfigur als Element der Gegenspielerdramaturgie 10
   c) Haimon als Märtyrer einer Gegenspielerdramaturgie 11
   d) Die Botenfunktion und ihre besondere Form im analytischen Drama 12
   e) Botenbericht als Exposition 13
   f) Sehergestalten im religiös-dialektischen Kontext 13
   g) Die Multifunktionalität des Chors in der antiken Tragödie 16

2. Konzepte für Figuren und Dramaturgie bei Shakespeare 20
   a) Aristotelische Dramaturgie und Einfluß des Volkstheaters 20
   b) Kompromisse mit aristotelischen Regeln in *Romeo und Julia* 22
   c) Lady Macbeth in der Konstruktion von *Macbeth* 25
   d) Narrentraditionen und Nebenfiguren in *König Lear* 29
      aa) Kent und Lear 32
      bb) I 4 - III 6: Der Einfluß des Narren 33
      cc) Psychologische Konstruktionen in III 4 und III 6: Edgar und Lear 38
   e) Zusammenfassung 41

3. Die Nebenfigur als Integrationsfigur 42

4. Wirkung der Krise des Dramas und der Moderne auf die Nebenfigur 44

a) Krise des Dramas: Gebrauch der alten Form mit neuem Gehalt 44
b) Neue Psychologie in Strindbergs Naturalismus 46
   aa) Persönlichkeitsstrukturen der Hauptfigur in *Fräulein Julie* 47
   bb) Nebenfiguren in epischer Sequenz : Der Chor in *Fräulein Julie* 52
c) Tennessee Williams' *Endstation Sehnsucht* :
   Flores para los muertos - Eine metaphorische Projektion 55
d) Die Moderne nach dem Absurden Theater 58

IV. ZUR DRAMATURGIE DER NEBENFIGUR IM FILM 61

1. Das andere Medium 61
2. Die Nebenfigur in der Problematik der Filmanalyse 64
3. Etablierte Funktionen von Komparsen/Kleindarstellern 67
   a) Die atmosphärische Figur 68
   b) Das atmosphärische Kollektiv 68
   c) Kollektiv und individueller Kontrast 68
   d) Komischer Kontrast 69
   e) Entgegengesetzte Bewegung und Hindernis 69
   f) Psychologischer Kontrast im Konfliktbereich der Hauptfigur 69
   g) Kleindarsteller als Träger perzeptiver Leitungen 69
   h) Kleindarsteller als Zeichen innerer Konflikte 70

4. Die Nebenfigur in Fabel, Zuschauerpsychologie und Rezension:
   Helen Ramirez in *High Noon* 70
   a) Interpretationsversuche zu High Noon 70
   b) *High Noon* aus der Sicht des Westerngenres 73
   c) Die Brechung der stereotypen Genrestruktur 75
   d) Nebenstränge und stereotype Handlung im Genrebruch 78
      aa) Helen Ramirez in der Genrekonstruktion 80
      bb) Interlineare beziehungsdramatische Bewegungen 84
         aaa) Die Konstellation Harvey-Helen-Kane 84
         bbb) Konstellation Frank-Helen-Kane 86
         ccc) Konstellation Amy-Helen-Kane 87
      cc) Die Addition der Dreiecke 88
   e) Zusammenfassung 88

5. **Wahrnehmung und künstliche Identifikation:**
   C'era una volta il west 89
   a) Episodische Fabel mit Retrospektivenkonstruktion 89
   b) Filmdramaturgische Mittel im Überblick 91
      aa) Montage und Erzählperspektive (1. Sequenz) 92
      bb) Tondramaturgie 93
      cc) Musikdramaturgie 94
   c) Analyse der 2. Sequenz 96
      aa) Umkehrung der Mittel der 1. Sequenz 96
      bb) Filmdramaturgische Mittel der Timmy-Szene 98
      cc) Topiks, Superzeichen und Problemlösungsprozesse 100

6. **Der Konflikt der Nebenfigur in einer gruppendynamisch bestimmten Handlung, Beispiel: Simon in *Herr der Fliegen* (Peter Brook, GB 1963)** 104
   a) Der eigene Konflikt der Nebenfigur 105
   b) Allgemeine Aspekte der Gruppendynamik 105
   c) Simon in *Herr der Fliegen* 108
      aa) Inhalt und Motive der Romanvorlage (W. Golding) 108
      bb) Filmische Inszenierung Simons: Prinzip einer korrelativen Kommunikation 114

V. SCHLUßBEMERKUNG 125

VI. LITERATURVERZEICHNIS 129

I. EINLEITUNG: ZUORDNUNGSPROBLEME BEI NEBENFIGUREN

Das Thema, der Wirkungsbereich der Nebenfigur, wurde bisher noch nicht im Überblick über seine verschiedenen Ansätze in Film- und Theaterdramaturgien behandelt, es steht außerdem auch in den Tagesveröffentlichungen der Printmedien selten im Licht des Interesses. Die überwiegende Literatur zur Filmanalyse bzw. teilt sich ein in Genreuntersuchungen[1], Konstruktionsmodelle[2] und ästhetische[3] sowie wissenschaftliche[4] Arbeiten. All diesen Veröffentlichungen liegt ein Basisgedanke zugrunde, der sich - je nach Definition - auf eine bestimmte Auswahl von Filmen bezieht. Ein ähnlicher Ordnungsgedanke, auf den Bereich der Nebenfigur oder auch die Figurendramaturgie oder Figurenentwicklung allgemein bezogen, wird allerdings aus sich selbst heraus kritisch zu betrachten sein, denn die Figurenbeziehungen sind einzelne partielle Bausteine eines Film- oder Theaterwerks, Bestandteil einer Idee, aber doch in ihrer Funktion variable Teile des Ganzen. Darum kann man berechtigterweise die Frage stellen, ob eine "Dramaturgie der Nebenfigur" überhaupt ermittelt werden kann, und wenn ja, unter welchem Instrumentarium. Gibt es also einen Grundgedanken, eine Grundfunktion der Nebenfigur?

Die eigentliche Leistung der Nebenfigur besteht in ihrer Ergänzung zum Handlungs- und Figurenpotential der Hauptfigur(en). Diese Ergänzungsfunktion berührt jedoch unter Umständen nicht nur die Hauptfigur, sondern auch ein übergeordnetes Thema, die Gesamtstruktur des Handlungsablaufs oder aber die konkrete Ausgestaltung einer Mise en scène. Sie kann mannigfaltigster Art sein und psychologischen oder handlungstechnischen Momenten entspringen, immer aber - abgesehen von der Negation des Wesens der Figur oder ihrer Vernichtung z.B. im Absurden Theater - bleiben Handlungs- und Konfliktstrukturen und szenische Darstellung dieser Elemente in Beziehung zu der genannten

---

[1] z.B. Programm Seeßlen, Georg u. Roloff, Bernhard im rororo Sachbuch
[2] z.B. Field, Syd, Drehbuch...., 11f; Hant, 32ff.
[3] z. B. Kracauer I, Theorie des Films
[4] z.B. Wuss, Filmanalyse u. Psychologie

Nebenfigur ein unerläßlicher Hinweis auf ihre übergeordnete Funktion in der Gesamtstruktur.

Das Ergebnis einer Abwägung all dieser Faktoren definiert so letztendlich die überwiegende Aussage einer Dramaturgie der Nebenfigur. Wenn diese Nebenfigurendramaturgie, die kleinere und feine Bereiche in einer neuen Perspektive beleuchtet, thematisch in den Gesamtzusammenhang zurückgedeutet wird, können Probleme mit den gängigen Arbeitsbegriffen entstehen. Beispielsweise kann sich die Verknüpfung mit dem traditionellen Konfliktbegriff als nachteilig erweisen, da selbiger noch immer aus seiner Entstehungsgeschichte heraus intensiv mit der dramatischen Konstruktion verbunden ist. Mit der Erweiterung episch-aristotelischer Mischformen und offener Strukturen hat sich auch das Wesen des Konflikts verändert. In der Filmwissenschaft aber wurde eine überzeugende Überarbeitung des Konfliktbegriffs im Zusammenhang mit wahrnehmungspsychologischen Ansätzen meiner Meinung nach noch nicht erreicht. Und nun kann gerade die Nebenfigur sich nicht am Zentralkonflikt entwickeln, sie kann nur partiell oder differenziert in einen Teilbereich involviert sein. Sie kann streckenweise einen eigenen Konflikt haben, der wider Erwarten plötzlich stark betont oder zurückgenommen wird. Dann empfiehlt es sich von Teilkonflikten, kausalen Feldern oder Konfliktfeldern zu sprechen, um besondere Nuancen genauer zu erfassen. Dieser Terminus hat allerdings den Nachteil, daß er von der Rezipientenpsychologie entlehnt wurde und damit primär ein Konfliktfeld im Bewußtsein des Zuschauers meint, das für das jeweilige Individuum oft variabel ist.

Um den Problemen, die sich aus der Arbeit mit bewußter und unbewußter Rezipientenwahrnehmung, mise en conscience, Vorausdeutungen u.ä. ergeben, zunächst aus dem Weg zu gehen, erscheint es angebracht, zunächst einmal an Textanalysen mögliche Herangehensweisen an die Nebenfigur mittels Typologien zu ermitteln. Hierfür bieten sich bekannte Beispiele aus der Theaterwelt an. Im Gegensatz zum Filmwerk hat das gelesene Theaterstück den Vorteil der eindeutig festgelegten textlichen Fixierung, mit der unabhängig von einer speziellen Inszenierung und von der Psychologie des Rezipienten gearbeitet werden kann.

Der Schöpfungsprozeß des Autors, der sich, wie Freytag schon sagte[5], wohl gerade im Bereich der Figurenentwicklung vollzieht, wird jedoch auch von theatergeschichtlichen Veränderungen modifiziert. Darum müssen auch hier erweiterte Thesen, z.B. in der psychologischen Figurenentwicklung oder auf auktorialer Ebene, zugelassen sein. Obwohl die Literatur zur Theatergeschichte diese Modifikationen längst bemerkte und unter strukturellen Gesichtspunkten herausgearbeitet hat[6], bleiben die wenigen Andeutungen zur Gestaltung von Nebenfiguren, die man eher in der Literatur zum Drehbuch findet, stark an der alten Idee des Zentralkonflikts orientiert[7]. Das filmische Erzählen in seiner Unterhaltungsfunktion wird immer wieder mit dieser Vereinfachung in einem 3-Akte-Paradigma erklärt. So treten in der Figurenkonstruktion viele Ähnlichkeiten zum klassischen Theater, zur klassischen Verwicklung aus Aktion und Reaktion[8], auf. Viele Grundfunktionen der Nebenfigur im Film scheinen danach deutlich aus Beispielen der Theatergeschichte entlehnt zu sein, (wenn den geschlossenen Strukturen der Mainstream der Vorrang eingeräumt wird). Diese Übertragung von Konventionen ergibt sich notwendig aus den Erfahrungen mit über zweitausend Jahren Theatergeschichte und Theaterdramaturgie, sie kann unbeabsichtigt schon durch die Wahl eines Handlungsgerüstes bzw. auf Grund einer Gattung oder eines Genres entstehen. Darüber hinaus greifen viele Filmemacher auch unmittelbar in Adaptionen auf die Konfliktsituationen von Theaterstücken oder Romanvorlagen zurück. Eine Erarbeitung der Dramaturgie der Nebenfigur sollte sich deshalb zunächst mangels Schrifttum und möglicher allgemeiner Regeln an typischen Ausformungen ausgewählter Theaterkonzepte orientieren. Die typologische Betrachtung steht dabei in Wechselwirkung zur angewandten Dramaturgie. Sie eröffnet damit ein Gespür für Freiräume oder Konventionen, die jeweils auf die Nebenfigur wirkten - oder bei adaptiver Modifikation im Film - wirken. Als wesentliche Neuerung des Films tritt die Wahrnehmungspsychologie des Rezipienten hinzu, die außerhalb von textlich konzipierten Konflikten in psychologischen Montagen Antizipationen und stärkere Wertungsmechanismen in Gang setzen kann, welche durch die absolute

---

[5] Freytag, Technik des Dramas, 228
[6] Szondi, Theorie des modernen Dramas, 105ff.
[7] Field, 11f.; Hant, 32ff, beide benutzen das gleiche Paradigma-Modell
[8] Hegel, Ästhetik II, 523

Versiegelung und Beständigkeit des Filmwerks wissenschaftlich in ihrer Tendenz ermittelt werden können.

II. OPTIONEN ZUR ABGRENZUNG DER NEBENFIGUREN UND HAUPTFIGUREN

Da die Handlungsanteile der Nebenfigur in vielen denkbaren und nachprüfbaren Variationen fließend sind, kann eine Bestimmung der Nebenfigur im Einzelfall besser durch eine Definition *ex contrario* zur Hauptfigur erreicht werden. Die folgenden Hinweise sollen Optionen für die Abwägung im dramatischen, episch-dramatischen und epischen Bereich zur Verfügung stellen.

1. Abgrenzung im zentralen dramatischen Konflikt

Allgemein muß gelten, daß die Einordnung von Neben- und Hauptfiguren nur im Zusammenhang mit dem Handlungsmuster des Erzählten und der Einbindung in den Konflikt bzw. den Konfliktbereich vorgenommen werden kann. Für die Autoren, die in Film- und Theatertheorie eine eher zentrale Formenstruktur im Auge hatten, wie z.B. Hegel oder Field, wird die Handlungsebene durch den klar definierten Konflikt der dramatischen Ausformung bestimmt.

Während Hegel sich auf das Verhalten von Gegenkräften im zentralen Konflikt der Handlungsverwicklung festlegte, gibt Field Hinweise auf ein System, in dem Fabel, Figur und Konflikt aufeinander einwirken:

"Dramatische Figuren interagieren auf drei Arten:
1. Sie geraten in Konfliktsituationen...
2. Sie interagieren mit anderen Figuren....
3. Sie interagieren mit sich selbst...."[9]

Für das Fortschreiten der Entwicklung gibt es also in diesen Varianten gewisse Kräfte, die konträr ausgeformt sind und an denen sich die Figurenhandlungen messen lassen. Die Figur, die primär im Konflikt mit diesen Kräften oder auch mit den Konflikten in ihrem Inneren steht, wird also als Hauptfigur bezeichnet werden. Steht der Hauptfigur ein Gegenpotential in Form einer anderen Figur gegenüber (dies ist natürlich auch im Plural denkbar), so ergibt sich die be-

---

[9] Field, 23

kannte Konstellation zwischen Protagonist und Antagonist aus der klassischen Dramaturgie. Die übrigen Figuren erhalten in der Bewältigung des Zentralkonflikts kein Eigenleben und sind darum Nebenfiguren, die eventuell für die eine oder andere Seite eingeordnet werden und so am Kräftespiel teilnehmen. Tritt allerdings eine zunächst als Nebenfigur exponierte Figur in den Zentralkonflikt ein, so kann sie, wenn die vorher als Hauptfigur exponierte Figur aus Gründen wie Tod, Krankheit, Alter, Verhinderung oder aber auch wegen steigendem Desinteresse am Konflikt zurücktritt, mit dieser Figur tauschen bzw. diese ersetzen und zur Hauptfigur werden, wenn sie jene in allen wichtigen Bereichen des Zentralkonflikts ersetzt und eigenverantwortlich die Ausführung übernimmt. (In der Praxis kennt man diese Varianten im Bereich von Machtübernahmen in Familienfehden, Organisationen und Kartellen oder auch in typischen Rächergeschichten). Andererseits kann die zweite Figur sich auch mit der ersteren verbinden und in einer *Handlungseinheit* wesentliche Teile der Handlung übernehmen. Dabei muß nun um so genauer beobachtet werden, inwieweit diese Beteiligung dafür in der gesamten Handlung des Stoffes ausreichen kann, die zweite Figur eventuell als Hauptfigur zu benennen. Selbst wenn nämlich mehrere Figuren von Anfang an zusammen agieren und die gleichen Ziele verfolgen, muß dies nicht implizieren, daß es sich um eine Handlungseinheit von Hauptfiguren handelt. Im Film *Zwei Banditen* (USA 1968, R: George Roy Hill) zum Beispiel werden die genannten Figuren von Paul Newman und Robert Redford als *Hauptrollen* gespielt, aber wegen ihres Handlungsanteils verweist Field darauf, daß nur Buch Cassidy wegen seines Planungsintellekts als Hauptfigur bezeichnet werden kann, während Sundance Kid seiner Meinung nach nur als eine Nebenfigur in Hauptrolle agiert.[10]

Allgemein ist festzuhalten, daß das quantitative Erscheinen einer Figur in einer Handlungseinheit keinen Aufschluß über ihren Handlungsanteil gibt. Ebenso könnte eine Figur, die einen höheren Handlungsanteil in der Handlungseinheit besitzt, wieder aus bestimmten Gründen aus der Einheit heraustreten, so daß sie, obwohl sie streckenweise das Potential einer Hauptfigur erfüllte, dennoch im Überblick nur als Nebenfigur definiert werden kann. Eine Deutung von Entwicklungen dieser Art hängt von der Interpretation des Gesamtverlaufs ab

---

[10] Field, 21f, das konkrete Beispiel von Field ist entgegen der allgemeinen Aussage streitbar.

und kann insofern im Einzelfall variabel und streitbar sein. Der Begriff Handlungseinheit erfordert also eine besondere Gleichberechtigung der Figuren, wenn er als Handlungseinheit von Hauptfiguren gelten soll. Deshalb müssen zur Feststellung der Figurendefinitionen immer alle konventionellen Wirkungen, die die Figuren auf Grund ihrer gesellschaftlichen Stellung, ihrer Persönlichkeitstruktur und ihres Verhältnisses zueinander haben, mit dem jeweiligen Handlungspotential im Zentralkonflikt abgewogen werden.

2. Abgrenzung in episch-dramatischen Mischformen:

Wird der Handlungsverlauf in epische und dramatische Einheiten gegliedert, geschieht dies meistens gleichzeitig mit einer Erweiterung des Konfliktbereichs. Ein zentraler Konflikt kann dadurch wegfallen oder sich in viele Ebenen verzweigen. Bleibt das Grundmodell mit Protagonist und Antagonist unangetastet, so gelten auch weiterhin die unter I1. genannten Abgrenzungsoptionen für Handlungseinheiten und Nebenfiguren. Fällt der Antagonist weg, so kann das Geschehen eine bestimmte Entwicklungslinie der Hauptfigur aufzeigen. Dann treten meist in Episodenstrukturen Nebenfiguren auf, die der Hauptfigur begegnen und von unterschiedlichem Wert für ihren Werdegang sind. Bleibt die Erzählhaltung in der Form gleich, daß überwiegend über die Nähe zur Hauptfigur die Ereignisse geschildert werden, dann kann eine zweite Hauptfigur (die nicht als "Protagonist" auftritt) nur existieren, wenn sie mit der Führungsfigur auf mehreren Konfliktebenen innerer oder äußerer Art verbunden wird. Dabei wird das Prinzip der Handlungseinheit überschritten, weil die zweite Hauptfigur durch ihre Begleitung und ihre Aktionen die Konfliktebene vertieft. Auf diesem Weg wird das Kriterium für die zweite Hauptfigur mehr auf die Bedeutungsebene verlegt, weil die Mischform mehrere Konflikte aufgreift und eine klare Beurteilung zu einem dramatischen Zentralkonflikt verhindert. Der unbestimmte Ansatz der zweiten Hauptfigur an der ersten entspricht der Idee einer "thematischen Katalyse". Primär beinhaltet diese Benennung den handlungstechnisch eher distanzierten Bezug der Figur zu den fremden Konfliktbereichen, die im nüchternen Bild der Naturwissenschaft als Katalysen eines "chemischen" Prozesses definiert werden können.

3. Abgrenzung in epischen Konstruktionen:

In überwiegend epischen Erzählformen hängt die Differenzierung von Haupt- und Nebenfiguren immer mehr von der Intensität ihrer Präsenzen in den Szenen und der Perspektive der jeweiligen Erzählhaltung, die in epischen Strukturen auch häufig wechseln kann, ab. Ist die Handlung klar gegliedert, wird meist eine Leitfigur benutzt, die dann auch die Hauptfigur sein muß. Sind die Handlungsstränge völlig getrennt, so müssen die überwiegend handelnden Figuren des gesonderten Strangs jeweils als Hauptfiguren gelten. Zur Unterscheidung innerhalb eines isolierten Strangs kann nur die Funktionalität des Konfliktmaterials und seine spezielle Gewichtung genutzt werden. Trotz der hier zunehmenden Bestimmungsschwierigkeiten nimmt die Bedeutung der Definition von Haupt- und Nebenfiguren in epischen Strukturen jedoch eher ab, weil diese Erzählform tendenziell dagegen anstrebt, Figuren in ihrer Qualität für den Handlungsstrang zu werten. In epischen Erzählformen wird dagegen die Beziehung der Figur zum beschriebenen Ereignis stärker aufgewertet, oft in der Errichtung einer oder mehrerer Bedeutungsebenen. Steht in der dramatischen Kollision fast ausschließlich das Verhältnis der Figur zur Verwicklung im Vordergrund, so haben in der epischen Gestaltung das Maß der Situation, die Darstellung der Figur zum Problem und ihr quantitatives Erscheinen den Vorrang bei ihrer Einordnung zur Hauptfigur.

III. BEISPIELE FÜR FUNKTIONEN DER NEBENFIGUR IM THEATER

In diesem Kapitel sollen wichtige Entwicklungsstufen von Dramaturgien dargestellt werden, die sich konzeptionell am Text erfassen lassen. Dieser Überblick soll in einer Entwicklung von der geschlossenen aristotelischen Dramaturgie über die episch-aristotelische Mischform hin bis zur Moderne Konzepte auflisten, die das funktionale Gestalten von Nebenfiguren verändert haben. Dabei wird der typologische Ansatz dazu benutzt, das gesonderte Ergebnis als eigenständigen Teil einer Konstruktionsstruktur zu beschreiben. Die daraus gewonnenen Erkenntnisse über die Bedeutung von Nebenfiguren können abstrahiert werden und sind deshalb auch über ihren zeitgeschichtlichen Bezug hinaus interessant und verwendbar. Überlegungen zur Komödie werden, soweit sie nicht Themen der episch-aristotelischen Mischform, die dem direkten Einfluß von Nebenfiguren unterliegen, beschreiben, bewußt ausgelassen, weil die Komödie im Bereich der Nebenfigur überwiegend die Regeln des Dramas nutzte und lediglich die Akzente der Intrige verschob, um komische Effekte zu erreichen.

1. Antikes Theater

a) Zur Poetik des Aristoteles

Die ältesten Überlieferungen, die in der Handlungsdramaturgie in der Forschung eine Rolle gespielt haben, sind die Gedanken von Aristoteles in der "Poetik". Die Poetik hat die Ästhetik des Dramas bis heute entscheidend geprägt, obwohl es oftmals bedenklich erscheint, daß die speziellen Thesen zum griechisch-politischen Drama auch für spätere Zeiten bedenkenlos verallgemeinert wurden[11], darüber hinaus die lediglich persönliche Meinung des Aristoteles zur Grundlage haben, daß die episodischen Fabeln die schlechtesten und die dramatischen die besten seien[12].

---

[11] Joachimi-Deges *über Gottsched,* 7f; *unentschieden* Lessing, 74. Stück; *für die Fabel* Hant, 23

[12] Aristoteles, 33

Diese Vorgaben wurden in Deutschland von führenden Köpfen des Theaterbereichs wie Gottsched eher verschärft und von Lessing und anderen Autoren bis ins 19. Jahrhundert hinein kaum angezweifelt, lediglich Lenz machte sich mit der ihm eigenen Ironie über die Einheit von Zeit, Raum und Handlung lustig[13] und stellte mit seinem sozialen Engagement in den Stücken *Die Soldaten* und *Der Hofmeister* Gegenkonzepte in Form und Inhalt dar; schließlich erst, im 20. Jahrhundert, zerbrach die Einheit von Form und Handlung, von Sprache und Inhalt, von Szene und Dialog endgültig[14].

Aristoteles hatte dagegen bereits in seiner Zeit Schwierigkeiten, mit seinem Konzept die nicht idealisierten psychologischen Figuren des Euripides zu erfassen, wahrscheinlich darum bezeichnete er die Stücke *Medea* und *Iphigenie in Aulis,* welche heute noch gespielt werden, als "schlecht"[15]. Offensichtlich war Aristoteles mehr an Formfragen, die mit Dialektik und Mythologie harmonierten, interessiert als an der Widerspiegelung des Zeitgeists, die er vermutlich der Komödie, deren Behandlung in der Poetik nicht erhalten ist, zuschrieb. Der Bezug zur Poetik des Aristoteles bedeutet darum eine Beschränkung der griechischen Tragödie, weil die Poetik im wesentlichen Sophokles und Aischylos als klassische geschlossene Dramaturgie beschreibt und über Euripides, der in seinen unbeständigen Charakterzeichnungen Teilmomente des offenen Dramas vorwegnahm, hinwegsah.

Die Meinung von Volker Klotz, der eine Trennung zwischen dem geschlossenen Drama, das er tektonisch nennt, und offenem Drama vornahm[16], wird hier im Weiteren als Instrumentarium genutzt, um die von Aristoteles nicht bearbeiteten Elemente aufzufangen.

b) Die Nebenfigur als Element der Gegenspielerdramaturgie

Als wesentliche These propagiert die Poetik das System aus Einheit von Zeit, Raum und Ort in Einbindung eines Handlungsgefüges, das von der Einfühlungsdramaturgie mittels "Mitleid und Furcht" bestimmt wird; Klotz hat nach

---

[13] Lenz I, Anm. zum Theater, 365ff
[14] Wendt, Moderne Dramaturgie, 7; Szondi, Theorie d. mod. Dramas, 74ff
[15] Aristoteles, 49
[16] Klotz, 98ff

dem Einfluß der *tragédie classique* auf die deutsche Bühnenwelt die aristotelische Dramaturgie auf die Definition der "Gegenspielerdramaturgie" reduziert[17]. Die Gegenspielerdramaturgie der griechischen Tragödie erreicht ihre Qualität in der festen Verknüpfung der Handlung, die in linearer und kausaler Einheit erfolgt. Dies bedeutet für die Nebenfigur, daß sie *Teil einer Gegenspielerdramaturgie* sein kann.

So wird z.B. klar, daß die Protagonistin Antigone mit ihrer Schwester Ismene brechen muß[18], wenn diese sie nicht in ihrem Vorhaben unterstützt, Polyneikes zu bestatten. Dies liegt offenbar nicht an Ismene selbst, die sich später anders besinnt[19], sondern daran, daß es in dem religiösen Konflikt aus Matriarchat (Antigone) und Patriarchat (Gesetz der Hybris von Kreon) auf Grund der dialektischen Struktur der griechischen Philosophie keine Alternative gibt. Wegen dieser Gesinnungsebene, die das Bekenntnis des Einzelnen zum Thema macht, erscheint Antigones Härte und Entschlußkraft gegenüber Ismene in der Anfangsszene so radikal und bestimmt. Im idealisierten Kontext macht die Ablehnung Ismenes, Antigone in Ihrem Vorhaben zu unterstützen, sie dort zum Gegner, der auf der Seite des Gesetzes des Kreon steht.

Anders verhält es sich mit Ägeus in *Medea*, der sich mit Medea, die ihm in Gegenleistung Kinderreichtum verspricht, verbündet, um ihr eine Zuflucht zu gewähren, welche sie benötigt, um nach den geplanten Morden in Sicherheit vor Jason und Kreon zu gelangen.[20] Selbst wenn die Möglichkeit dieses Ausgangs nicht erzählt wird, wurde Ägeus im Sinne der Gegenspielerdramaturgie als Helfer von Medea vereinnahmt. Auch hier ist diese der Kampf des Weiblichen und Mystischen gegen das männliche Gesetz, daß Jason die freie Partnerwahl gestattet und gleichzeitig Medea verbannt.

c) Haimon als Märtyrer einer Gegenspielerdramaturgie

Besonders tragisch kann man mit einer Nebenfigur verfahren, wenn deren Entscheidung für eine Seite gleichsam ihre Vernichtung bedeuteten würde. So ist

---

[17] Klotz, 29f
[18] Sophokles, Antigone, 8
[19] Sophokles, Antigone, 26
[20] Euripides, Trgödien, 83ff

der Selbstmord des Haimon in *Antigone* zu verstehen. Nach einem langen fruchtlosen Gespräch mit seinem despotischen Vater stürzt sich der Bräutigam Antigones ins Schwert, weil er ihren Tod nicht aufhalten kann. Der Konflikt in ihm, einerseits dem väterlichen Gebot in Götterfrevel folgen zu sollen und dafür seine Liebe zu opfern, oder für eine Seite kämpfend Partei ergreifen zu müssen, zerreißt den Sohn Kreons, der Antigone zu spät erreicht. Haimon kann - nachdem er sich offenbar für Antigone entschieden hatte - den offenen Konflikt nicht mehr austragen, sondern zerbricht als ein *Märtyrer der Gegenspielerdramaturgie* an seinem inneren Konflikt. Dieses besondere Beispiel tragischer Gestaltung kann nur im Bereich der Nebenfigur erfolgen, weil die Hauptfigur entsprechend ihrer Funktion als Kämpfer für ein Ideal sich nicht aus dem zentralen Konflikt der Handlung heraushalten kann.

d) Die Botenfunktion und ihre besondere Form im analytischen Drama

Eine bereits klassische und oft beschriebene Form, einer Nebenfigur im griechischen Drama zu begegnen, ist die der *Botenfunktion*. In der Regel ist auch die Botenfigur im Sinne der Gegenspielerdramaturgie bedeutsam, wobei das Melden einer verlorenen Schlacht oder das Nahen des feindlichen Heeres Reaktionen bei Protagonist und Antagonist auslösen. In diesem Zusammenhang bleibt die Aufgabe des Boten - entsprechend der Widerspiegelung der Gesellschaft - den Menschen niederen Standes wie Soldaten und Wächtern vorbehalten. Ist die Handlung jedoch gänzlich auf die Aufwicklung der Vergangenheit gerichtet, wie es im analytischen Drama der Fall ist, kann mit dieser Regel gebrochen werden. Als berühmtes Beispiel hierfür dienen hier die Figuren im Ödipus[21], denn außer den typischen Boten und Hirten bringen selbst Leute höheren Standes, wie der Priester und Kreon, dem Ödipus Nachrichten zu. Das liegt an der Konstruktion, denn alle Figuren des Ödipus sind rückwärts auf die Vergangenheit gewandt und dienen der gegen sich selbst ermittelnden Hauptfigur als Informationsträger, bis das Ergebnis des Vatermords und Mutterinzests für ihn schreckliche Wahrheit wird.

---

[21] Sophokles, Ödipus, 7ff, 44ff, 52ff

e) Botenbericht als Exposition

Wenn der Botenbericht einer Person nicht an den Protagonisten oder den Antagonisten gerichtet ist, sondern gleichsam aus der Szene kommt wie durch den Wächter am Beginn der *Orestie* in Aischylos' *Agamemnon*, dann erfüllt die Nebenfigur eine Funktion der Szene, sie exponiert in *szenisch-narrativer Funktion*. Dies ist eine Funktion, die, wenn der Wächter allein in der ersten Szene auf der Bühne steht, nur direkt an das Publikum gerichtet sein kann und fürs erste kein Konfliktmaterial und keinen direkten Bezug zur Hauptfigur enthält. So erfährt das Publikum im *Agamemnon* von dem Wächter die gesamte Vorgeschichte des trojanischen Krieges, schließlich deutet er an, daß Klytemnestra im Inneren des Palastes wegen der Opferung Iphigenies wahrscheinlich nicht recht entspannt auf die Rückkehr ihres Mannes Agamemnon wartet (*verdecktes* erregendes Moment). Allerdings ist diese Spannung nur für den ersichtlich, der - wie im Altertum meist gegeben - die Sage um das Atridengeschlecht bereits kennt (dieses Vorwissen kann natürlich auch enttäuscht werden, s. u. das Beispiel der *Helena* des Euripides) und deswegen weiß, daß Klytemnestra Agamemnon im ersten Akt töten wird. Hieraus wird ersichtlich, daß das antike Drama keineswegs jeglichen Teil der Handlung auf eine *dynamische* Gegenspieleridee gründen muß, ein weiterer Hinweis darauf, daß die späteren Forderungen für das geschlossene Drama der Klassik sich zwar auf Aristoteles' Äußerungen zur Verwicklung stützen, aber de facto nicht immer auf das von ihm behandelte Objekt, die griechische Tragödie.

f) Sehergestalten im religiös-dialektischen Kontext

In vielen Tragödien der Antike dient der *Auftritt von Sehergestalten* wie Tiresias oder Kassandra den Helden zur Beeinflussung und Beratung. Tiresias sucht beispielsweise in *Antigone* Kreon auf, um ihn eigens von seinem Orakel zu unterrichten, das Schlimmes wegen des Zorns der Götter verheißt.[22] Die alte Ordnung, repräsentiert durch Antigone, rächt sich an der diktatorisch-weltlichen Kraft Kreon, der noch während des Gesprächs mit Tiresias hart bleibt und dessen Äußerungen nicht den rechten Glauben schenken mag. Doch im direkten Anschluß besinnt er sich nach dem Abgang des Sehers auf Rat des

---

[22] Sophokles, Antigone, 44ff

Chores plötzlich anders und will Antigone retten. Dies leitet die Peripetie ein und hat die Selbstmorde von Haimon und Eurydike zur Folge. Der besondere "Thrill" für den antiken Zuschauer besteht in der Tatsache, daß der König Kreon den Seher beleidigt und dessen Spruch mißachtet. Deutlicher kann im Weltbild der Griechen das Phänomen der Hybris nicht beschrieben werden.

In *Ödipus* von Sophokles tritt der Seher bereits in der ersten Hauptszene auf.[23] Hier ist das Vorwissen des Tiresias so schrecklich, daß er sich weigert, den Orakelspruch mitzuteilen: Dies meint in der griechischen Welt, die das Orakel als Gesetz und Recht zur Information auffaßte, eine absolute Katastrophe. Auch in *Die Troerinnen* von Euripides tritt die Seherin Kassandra bereits zu Beginn des Stückes in einer Wahnsinnsszene auf, in der sie Voraussagen der Odyssee mit dem psychischen Schock ihrer Entweihung durch die Griechen verbindet.[24] Offensichtlich deutet der Auftritt der Seherfiguren zu Beginn der Tragödie auf ein größeres Leid der Hauptfiguren hin; deren Handeln ist hier in beiden Fällen nur noch blindes Attackieren oder Ohnmacht gegen ein feststehendes hartes Schicksal. Ödipus steht wohl in einer der ausweglosesten Situationen, in die eine Figur geraten kann, seine eigene Schuld erscheint durch die Aussichtslosigkeit, ein Orakel überhaupt umgehen zu können, zudem fragwürdig. Also ist der Effekt der Katharsis, der noch in *Antigone* durch eine klare Bestrafung des Antagonisten gerechtfertigt war, aus der Sicht der Hauptfigur jedenfalls zweifelhaft. Hettner meinte zu dem Problem der Katharsis:

"Wirklich dramatisch sind nur wirkliche und wesenhafte Gegensätze, d.h. nur solche Gegensätze, die nicht durch äußeren Zufall, sondern durch ihr innerstes Wesen feindlich gegeneinander gespannt sind. Nur ein solcher Kampf ist ein prinzipieller, es ist der naturnotwendige Zusammenstoß entgegengesetzter Standpunkte und Weltsichten."[25]

Bei Ödipus kann man nicht feststellen, wie die gutgläubige Hauptfigur sinnlos gegen sich selbst agierend diese beiden Standpunkte einnehmen sollte. Ein Aspekt, der im Zusammenhang mit der Urkonstruktion eines analytischen Dramas einen absoluten Sonderfall der antiken Tragödie herstellt, nämlich den, daß

---

[23] Sophokles, Ödipus, 16ff

[24] Euripides, Tragödien, 208ff

[25] Hettner, 210

das schwere Leid über den gesellschaftlichen Sinn der Gegenspielerdramaturgie und so auch über die Katharsis gestellt wird.

Die episodische Konstruktion bei den *Troerinnen* dagegen läßt insgesamt drei szenische Vorgänge zu, die ein erregendes Moment bedeuten. Der erste Vorgang wird durch Kassandra dargestellt, der zweite durch Andromache, der dritte durch das Streitgespräch zwischen Hekabe und Helena. Alle drei Vorgänge dienen ausschließlich der Beschreibung des schweren Leids der Troerfrauen, die ganze Konstruktion hat den Charakter eines Oratoriums. Die Gegenspielerdramaturgie zeigt sich nur noch rudimentär in der Angst vor Odysseus und seinen Listen, wurde aber nicht auf agierende Figuren, die in offener Auseinandersetzung aufeinandertreffen, verteilt. Im Vergleich zum *Ödipus* läßt sich also die Hypothese aufstellen, daß das schwere Leid, das von Seherfiguren angekündigt wird, die Gegenspielerdramaturgie zugunsten des Mitaffekts für die leidenden Figuren zurückdrängt.

Die Sehergestalten sind immer der Ausdruck des religiösen Weltbilds, ihr Handlungsschema war den Griechen so vertraut wie das, was man heute als Stereotyp benennt. In der Wahrnehmungspsychologie bezeichnet man die Arbeit mit solchen bekannten Mustern als die innovative Nutzung von Chunks:[26] Für das Publikum bedeutet der Auftritt des Sehers / der Seherin die Wahrheit vor den Göttern, außerdem kennt es die Schicksale der Helden meist vorher. Nun sind alle Voraussetzungen für die Handlung geschaffen, von der man erwartete, daß sie anders, nämlich besser und spannender, erzählt wird.

Insofern dienen Tiresias und Kassandra unmittelbar der szenisch-dramatischen Handlungsverknüpfung im Sinne des zentralen Konflikts der Personen. Dagegen ist in einer mehr epischen Form die rasend gewordene Kassandra in *Die Troerinnen* im Sinne der Gruppe der leidenden zurückgelassenen Kriegswitwen die am besten geeignetste Figur, die die Zerstörung des mächtigen Trojas intellektuell, religiös und körperlich auf sich vereint. Ähnlich hat die Weigerung des blinden Tiresias, gegenüber Ödipus das Orakel auszusprechen, den Grundkonflikt des Ödipus, das unermeßliche Leid gegenüber dem fatum, herausgestellt. Sophokles hat damit für das Publikum die Konstruktion des Mitaffekts für seine

---

[26] Wuss, Filmanalyse...,149f

Tragödie angelegt, nun kann sich die gnadenlose Unabwendbarkeit des Schrecklichen, die im *Ödipus* übrigens durch den Wissensvorsprung des Zuschauers einen ähnlichen Thrilleffekt benutzt wie heute das Horrorgenre, in allen Einzelheiten entfachen.

Die Seherfiguren vermitteln kraft ihrer Autorität oder dem Sonderwissen des Zuschauers einen direkten Bezug zum Konflikt der Hauptfiguren, eine Tatsache, die später in anderen Konstruktionen noch genauer beschrieben werden soll, weil sie eine elegante Lösung bietet, über eine andere Figur von der Hauptfigur zu erzählen und außerdem natürlich die Möglichkeit der schrecklichen Prophezeiung etabliert. Die mythologische Bedeutung der Kassandra, die das furchtbare Schicksal erlitt, alles vorauszusehen, (selbst ihre Ermordung in *Agamemnon),* aber in ihrer Sehergabe nicht ernst genommen zu werden, ist wohl überhaupt ein Musterbeispiel für den dramaturgischen Kniff, einen zentralen Sammelpunkt mit religiöser Konnotation für Spannung und Mitaffekt gleichzeitig zu erzeugen.

g) Die Multifunktionalität des Chors in der antiken Tragödie

Ein anderer interessanter Funktionsbereich von Nebenfiguren im griechischen Theater liegt in der *Wirkungsweise des Chors,* die zahlreiche Probleme aufwirft. So gestattet man dem Chor in erster Linie handlungsübergreifende Funktionen zu, in dem Sinne, daß zwischen bedeutenden Handlungspassagen nun Interpretationen [27] bezüglich der tieferen Bezüge zwischen Menschen und Göttern geleistet werden. Diese Erörterungen haben meistens direkten Bezug zu dem in dialektischen Sinne gestellten Fragenkomplex der jeweiligen Tragödie. Es kann - wie bei Euripides - auch vorkommen, daß die Chorpassagen des Dichters mehr im Zeitgeist als in der Behandlung der mythologischen Frage liegen, (womit Euripides nach aristotelischer Beurteilung einen Stilbruch begangen hat). Der Chor in Athen wurde seit den Reformen des Kleisthenes, die die direkte Demokratie ermöglichten, von Abgesandten der jeweiligen Phyle gestellt und repräsentierte so auf einer anderen Ebene die ganze politische Dimension des Stadtstaats.[28] Die Passagen des Chors stellen nun einen Frage- und Ant-

---

[27] Arnoldt, 20
[28] Kuch, 29

wortkomplex mit zwangsläufig aktuellem Bezug dar, der eine dialektische Gesprächsführung entwickelt, welche den Zugang zum Innenleben des Helden ermöglicht.[29] Also sind die Chöre isoliert gesehen im dramatischen Sinne der Gegenspieleridee handlungsunfähig, sie bewegen sich mehr in Dialog und "Selbst"-Gespräch, dies ist für die Bühne der Antike noch sehr bedeutungsvoll, weil die tödlichen Handlungen, die hinter der Szene stattfanden, räumlich so klar von den Dialogpassagen getrennt waren. Demnach dürfte man die Chorsänger nicht als Nebenfiguren (mit Handlungspotential) auffassen. Schließlich aber nimmt der Chor, der immer eine bestimmte, meist "gesellschaftlich untaugliche" Gruppe darstellt (z.B. Greise in *Agamemnon*, Mägde in *Die Totenspende*, unbeteiligte Schaulustige in *Die Troerinnen*), irritierender Weise doch an der Handlung teil: So greift der Chorführer in *Agamemnon* nach einem Streit mit Ägist in die Handlung ein, bedroht den Tyrannen sogar mit dem Schwert, läßt sich dann aber von Klytemnestra teilweise beruhigen[30]. Auch in *Die Totenspende* mahnt die Chorführerin Orest und Elektra zur Tat und gibt einer Amme Informationen, die Orestes in weitestem Sinne unterstützen[31]. Diese Bewegungen des Chores sind, obwohl sie objektiv Darstellung eines Teils einer Gegenspielerdramaturgie zu sein scheinen, ein Ausdruck gesellschaftlicher Empörung im Sinne der moralischen Gemeinschaft. Sie bedienen den Affekt des Zuschauers, dieser will in *Agamemnon* natürlich eine Gegensicht zur Schreckenstat, ebenso wie er im Sinne des Spannungsbogens in *Die Totenspende* die Rache des Orest erwartet.

In keiner Tragödie gibt es eine Szene, in welcher ein Mitglied des Chores *wirklich* einen entscheidenden Anteil an der Handlung hätte, zudem haben die Gesänge und Masken der Chöre eine handlungsübergreifend mythologische distanzierte Dimension. Trotzdem sagt Aristoteles über den Einsatz der Chöre, daß sie ebenso einzubeziehen sind wie ein Schauspieler, sie müßten ein Teil des Ganzen sein und sich an der Handlung beteiligen, nicht (wie so häufig nach Aristoteles Meinung) wie bei Euripides, sondern so wie bei Sophokles[32]. Soll damit gemeint sein, daß dem Chor der Tragödie das gleiche Recht zum Wett-

---

[29] Kuch, 27
[30] Aischylos, 60ff
[31] Aischylos, 83, 92f
[32] Aristoteles, 59

streit und zur Parteinahme zugebilligt war wie in der Komödie? Bei Sophokles bezieht sich in *Antigone* und im *Ödipus* der Chor auf die Grundfrage des philosophisch-gesellschaftlichen Problems und sucht die *Synthese* in der Beantwortung einer dialektischen Frage. So muß auch Aischylos' *Orestie* im dialektischen Sinn verstanden werden, um den Sinn der Chorbewegung nach Aristoteles zu rechtfertigen. Die Dialektik der Trilogie nimmt einen klaren Aussagegehalt in jedem ihrer drei Teile war und erfüllt das Formprinzip einer philosophischen Diskussion.

Deshalb dürfen der Chorführer in *Agamemnon* und die Chorführerin in *Die Totenspende* ausnahmsweise *scheinbar* in die Handlung eingreifen, weil dies durch diese Strukturierung These-Antithese gerechtfertigt ist und, wie bereits erwähnt, durch die die Empörung beschreibende affektive Note aufgefangen wird. Es geht um den Kampf des Matriarchats, um den Mord an Agamemnon im ersten Teil der Trilogie, der durch die Rache an Klytemnestra als Gegenschlag des Patriarchats im zweiten Buch vergolten werden muß und damit die Antithese bildet.

In *Die Eumeniden* schließlich löst Athene den Konflikt durch die Abstimmung zugunsten Orests (als dessen göttlicher Anwalt Apollon erschien) und macht so den ganzen letzten Teil der Trilogie zur synthetischen Lösung im handlungsthematischen und religiösen Sinn. So schreibt auch Thomson zum Ende des *Agamemnon*:

> "Unsere Sympathie liegt bereits bei Orest in der Ferne, (der zu Beginn des zweiten Teils der Orestie dann auftaucht, um seine Mutter in Rache für Agamemnon zu töten, *der Verf.*)..... Klytemnestra bittet (den Chor, *der Verf.*) um Frieden. Aber die Ältesten bleiben (nach der Provokation des Ägist durch den Chorführer, *der Verf.*) ablehnend, der Friede soll ihr verweigert werden. Der Mißklang wird nicht aufgelöst.[33]"

Die Teilung einer Trilogie in diese Form der Dialektik stellte im Weltbild des Aristoteles natürlich eine besondere Qualität dar. Dagegen wird in der späteren Sinnkrise, die sich bei Euripides ausdrückt[34], die dialektischen Frage nicht mehr

---

[33] Thomson, 278
[34] Sicalin, 103ff

klar beantwortet. Zum Beispiel bleibt Medea am Ende des Stückes in ihrem Status bestehen, ihr Kindermorden bleibt philosophisch-dialektisch gesehen ungesühnt, und weder die Deus ex machina-Lösung noch die Chorpassagen geben dem Stück eine Abrundung, sondern rütteln das Publikum noch mehr in Empörung auf. Trotzdem war Euripides, der dem Urteil des Aristoteles zufolge wegen dieser Mängel wahrscheinlich nicht mehr als ein "alter Tragödiendichter" gilt, erfolgreich, weil er den Zeitgeist mit seinen Deformierungen der traditionellen Strukturen traf. Euripides ausgefallene Meinung, daß der Krieg sinnlos sei, gründet sich z. B. auf seine Erfahrungen und auf die aktuelle attische Tagespolitik.[35] Deshalb wagte er es, mythologische Fabeln auf eine Weise zu entstellen, die selbst uns heute befremdlich erscheint:

In *Helena* stellt sich heraus, daß die Heldin, ein Urbild weiblichen Übels und männervernichtender Verführungskraft (von Euripides selbst noch in den *Troerinnen* plastisch zur Anschauung gebracht), in Wahrheit gar nicht schuld gewesen sei am trojanischen Krieg, weil die Götter statt ihrer ein Double angefertigt hatten, das statt Helena selbst mit Paris in Kleinasien zehn Jahre lang für Unheil sorgte.[36] Ähnlich versöhnlich wie in *Iphigenie auf Tauris*, aber mit fast satirischer Schärfe, wird hier die ganze Last der Geschichte in die Hände der Götter gelegt, so daß die Furcht vor der Hybris, der Selbstgefälligkeit der Menschen gegenüber den Göttern, in der philosophischen Diskussion ad acta gelegt erscheint. Gerade die Hybris war aber ursprünglich der Entstehungsgrund der antiken Tragödie.

Im Zusammenhang mit diesen Ergebnissen wird deutlich, daß die Chöre, welche diese Botschaften in den Stasimonpassagen ausdrücken sollen, in den jeweiligen Konstruktionen nicht als Personen im handlungsdramatischen Sinn aufgefaßt werden können. Ihre Funktionen sind zu vielfältig und übergreifend, als daß sie stellvertretend dem Wesen einer Figur entsprechen könnten. Sie nehmen die Funktion der distanzierten Abwägung ebenso ein wie die einer emotionalen Erregung, welche gleichzeitig in den Affekten des Zuschauers angelegt ist. In der neueren Forschung geht man davon aus, daß die Chöre der Tragödie aus einem Satyrspiel ernsterer Art entstanden, und nicht, wie ange-

---

[35] Sicalin, 109
[36] Euripides, 314

nommen, aus der Komödie kommen, denn wie sollte dann der Chor plötzlich "ernst" geworden sein?[37] Das chorische Szenenarrangement hat durch die Gesänge eine oft unterschätzte episch-religiöse Funktion, die in Koaktion mit dem gesellschaftlichen und politischen Gemeinwesen sich meditativ von der reinen Handlungsdramatik abhebt, eine wenig beachtete Deutung, die sich jedoch Brecht zum Nutzen gemacht haben muß, wenn er im Sinne des epischen Erzähltheaters 1948 (Antigonemodell) schreibt:

"Bearbeitet sind auch die Chöre, in welche ebenfalls neue Gedanken kommen. Diese Chöre, wie auch manch andere Stellen des Gedichts, können bei einmaligem Anhören kaum voll verstanden werden. Teile von Chören klingen wie Rätsel, die Lösungen verlangen."[38]

Bei Brechts Antigone hat man aber nicht den Eindruck, daß er in den Chören Satzbau oder Rhythmik wesentlich vereinfacht habe. Er hat die Rhythmik eher benutzt, um statt meditativer Gehalte neue Formen von Kontrasten und Ironie zu erhalten. Brecht, der in *Die Maßnahme* schon einen Chor benutzte, der eher dialektische Funktionen erfüllte, arbeitet hier, natürlich im Bezug zu seiner Gegenwart und politischen Umwelt, mit dem philosophischen Gehalt der Chöre in einer kommentierend wertenden Art, die man auch schon in ähnlicher Weise bei den Innovationen des Euripides vorfinden kann. Insofern hat die wertende Funktion chorischer Passagen, wie sie in ihrer Vielfalt bereits in der Antike ausgeformt wurde, ein über alle Zeiten wirksames Mittel gefunden, übergeordnete Thesen zu einem zentralen Konfliktbereich einzubringen.

2. Konzepte für Figuren und Dramaturgie bei Shakespeare

a) Aristotelische Dramaturgie und Einfluß des Volkstheaters

Im Zusammenhang mit den Tragödien des Shakespeare zeigt sich, daß die Neuerungen seiner Dramaturgie auch eine neue Dimension der Betrachtung erfordern, denn hier handelt es sich um Lösungen der Figurenkonzeption, welche überwiegend aus dem Nebenfigurenbereich stammen und deshalb auch die

---

[37] Schadewaldt, 39
[38] Brecht, Schriften...,43

Gesamtkonstruktionen oftmals in jene Problematik bringen, die unter der Bezeichnung offene und geschlossene Dramaturgie diskutiert wird. Shakespeare hat hier in der späteren Sekundärliteratur eine ziemliche Verwirrung angerichtet, welche einerseits als rein geschlossenes dramatisches Konzept[39], andererseits als Wegweiser der Moderne und der offenen Dramaturgie[40] dargestellt wird. Andere Autoren umschreiben ihre strukturellen Entdeckungen unklar und übervorsichtig, wohl um dem Vorwurf ausweichen zu können, sie hätten Shakespeares klassische Dramenkonstruktion im Sinne der Gegenspieleridee in Frage gestellt.[41] Diesem Problem kann hier nicht aus dem Weg gegangen werden, weil es geradezu in Verbindung mit den Figurenregeln des Aristoteles steht und durch die erstmalig vielfältige Nutzung der Nebenfigur durch Shakespeare entstanden ist. Die griechische Tragödie hatte festgelegt, daß die Figuren gute Eigenschaften aufweisen müssen[42] und der Mythologie entsprechend für ein Ideal oder eine These der antiken Welt stehen, die notwendigerweise mit einer anderen äußerlich in Streit gerät. Hatte die Nebenfigur also keine reine Beratungs-, Informanten- oder Szenenfunktion, so konnte sie hier nur als Teil einer Gegenspielerdramaturgie erscheinen. In der Tradition des britischen Volkstheaters gab es aber, vor allem im Folk-Drama, Figuren, die dafür bekannt waren, diese Harmonie aufzuheben und die Gegenspielerdramaturgie lächerlich zu machen und ad absurdum zu führen.

Dies wird z. B. schon im Handlungsablauf des *Mummers Play*[43], einer Form des Folk-Dramas, deutlich. Es besteht aus drei verschiedenen Teilen: Im ersten Teil spricht ein Vorführender das Publikum an und bittet um in einer längeren Einleitung um besondere Aufmerksamkeit. Darauf folgt der zentrale und älteste Teil des Spiels, in welchem St. George (ein Kreuzritter, *der Verf.*) den türkischen Ritter bekämpft, wobei einer der Kontrahenten schwer verletzt oder getötet wird. Im letzten Teil taucht der Doktor auf, um den Verwundeten zu heilen oder den Toten gar zum Leben zu erwecken, wobei ihm sein etwas tolpatschiger

---

[39] Freytag, 97
[40] Klotz, 99
[41] bezeichnend zur Tragödie Perikles Crumbach, 167
[42] Aristoteles, 9
[43] Weimann I, 55

Gehilfe John Finney assistiert.[44] Auf der Volksbühne diente die dabei entstandene Komik dazu, der immer wieder erzählten alten Kreuzritterklamotte die Seriosität (und damit den Ernst der Gegenspielerdramaturgie) zu nehmen.

Ein anderes Merkmal komischer Figuren ist das "topsy-turvydom", welches eher von der Narrenfigur entlehnt, eine besondere Art einer Nonsenswortverdrehung umschreibt, deren Ursprung auf Zauberformeln und Schamanismus zurückweist.[45] Diese beiden Mittel der "offenen Dramaturgie" sollen mit den bereits erarbeiteten aristotelischen Regeln der Antike hier vorerst ausreichen, um die Nebenfiguren in einem der populärsten Stücke von Shakespeare einmal näher zu betrachten.

b) Kompromisse mit aristotelischen Regeln in *Romeo und Julia*

Romeo und Julia ist eine der frühen Tragödien Shakespeares, entstanden schon etwa 1594/95, dennoch gehört das Stück zu den großen Werken des Autors. Bei näherer Betrachtung zeigt sich das Bestreben des Schreibers, die klassisch-griechischen Elemente zu benutzen und zu entwerten, jedoch ohne sie zu persiflieren. Gleichzeitig werden Elemente des Folk-Dramas hinzugefügt.

Inhalt: Der schon unglücklich verliebte Romeo (Montague) verliebt sich unsterblich in Julia (Capulet), wohl wissend, daß eine Heirat wegen dem Zwist ihrer beiden Familien unmöglich scheint. In seiner Not wendet er sich an Bruder Lorenzo, der die beiden heimlich traut. Zwischen Trauung und Liebesnacht erschlägt Romeo jedoch Tybalt, ein Mitglied der Familie Capulet, und wird dafür verbannt. Julia soll auf Wunsch der Eltern nun Graf Paris heiraten. Auf Lorenzos Geheiß wird Julia, um dem zu entgehen, in einen todesähnlichen Schlaf versetzt. Den verbannten Romeo erreicht jedoch die Nachricht dieses Plans nicht, er hält die spätere Scheinbestattung Julias für echt, was zum doppelten Selbstmord des Liebespaars führt.

---

[44] Weimann I, ebda.
[45] Weimann I, 59

Auffallend ist zunächst der Prolog des Stücks, ein Einschub eines Chors, der zu Ende des ersten Akts nochmals auftritt und danach nicht mehr erscheint. Er hat rein narrative Funktion und erzeugt eine episch-märchenhafte Tendenz, die dem Zuschauer die "alte Geschichte der unglücklich Verliebten" näherbringen will. Dieser Chor fällt aus dem alten Konzept heraus, er ist sozusagen atavistisch, bemüht zwar um eine höhere pathetische Ebene, aber ohne dialogische Handlungsreflexion. Im Anschluß an diesen Chor folgt dann gerade jener Bruch, der als typisch für Shakespeare gilt und im deutschen Kulturkreis vielleicht heute noch unmöglich[46] ist:

> "*Ein öffentlicher Platz. Simson und Gregorio, ...Bediente Capulets, treten auf.*
>
> Simson: Auf ein Wort, Gregorio, wir wollen nichts in die Tasche stecken.
>
> Gregorio: Freilich nicht, sonst wären wir Taschenspieler.
>
> Simson: Ich meine, ich werde den Koller kriegen und vom Leder ziehen.
>
> Gregorio: Ne, Freund. Deinen ledernen Koller mußt du beileibe nicht ausziehen."[47]

Hier sieht man ein Gefälle von Tragödie (Chor) zur Komödie, daß sich einerseits klassischer Mittel und andererseits einer Wortverdrehung der Narrentradition aus dem Folk-Drama bedient, freilich in einer Kombination ähnlich dem komischen Paar, wie es bei dem Doktor und John Finney im *Mummers Play* bestand. Der große Gewinn hierbei resultiert lediglich aus der Einarbeitung traditioneller Mittel aus dem Bereich der Nebenfigurendramaturgie in die Tragödie, und zwar in einer Doppelfunktion, die darüber hinaus noch gleichzeitig die Atmosphäre der Gereiztheit der verfeindeten Familien plastisch schildert. Nur ist es von Aristoteles her natürlich ein Vergehen, in einer Tragödie "schlechte" (gleich gewöhnliche) Menschen und Redensarten zu zeigen. Ein Umstand, der den Theaterreformer Gottsched zuweilen dazu brachte, Shakespeare als unordentlich, unvernünftig, niederträchtig und ekelhaft zu beschrei-

---

[46] Joachimi-Dege, 6
[47] Shakespeare, 47

ben[48], was sicherlich konsequent ist, wenn gleichzeitig die Volkstheatertradition in Deutschland für die seriöse Bühne unwiederbringlich zerstört wird.

Von der aristotelischen Seite her gesehen hat *Romeo und Julia* dann noch ein zweites Problem aufzuweisen, was der klassischen Verwicklung widerspricht und den Bereich der Nebenfigurendramaturgie entscheidend aufwertet. Klotz beschrieb, ebenso wie Gottsched an der *tragédie classique* orientiert, die Figur des geschlossenen Dramas als Fechter für seine Werte, die Person des offenen Dramas aber als unmündige Figur[49]. Wenn man die Hauptpersonen Romeo und Julia analysiert, stellt man gerade diese Unmündigkeit fest, denn beide sind von ihrer Liebe derart berauscht (Romeo ist ja bereits wegen einer anderen Dame als kontinuierlich liebeskrank exponiert worden), daß ihr Handlungspart zwanglos von einem anderen übernommen wird, dem Franziskaner Lorenzo: Lorenzos Kammer ist in II 4 (Gespräch Romeo), II 6 (heimliche Heirat), III 3 (Plan von Rendezvous mit anschließender Flucht Romeos), IV 1 (Gegenintrige zur Heirat mit Paris durch Lorenzos Plan für Julia) der Ort der Vorbereitung für das, was später tragisch wird. Lorenzo denkt für das Liebespaar und ersetzt so die untauglichen Eltern, deren Familienzwist der glücklichen Verbindung nur im Wege steht. Lorenzo muß deswegen als Nebenfigur verdeckt intrigieren. Es gibt keine offenen Gegenspieler für Romeo und Julia, weil sie gar nicht den Versuch unternehmen (können), für ihr Glück zu kämpfen. Ein Kampf im Sinne des tektonischen Dramas der klassisch französischen Tragödien kann gar nicht in Gang kommen. Lorenzo nimmt deshalb freiwillig den Konflikt auf sich und macht ihn intellektuell zu seiner Aufgabe, gerade deswegen wurde er von Shakespeare halb als väterlicher Priester, halb als kräutermischender Schamane (s. II 4) der alten Welt gezeichnet. Der Priester kann in einer solchen Mischung alle positiven Werte der unterschiedlichen Gesellschaftseinflüsse auf Britannien generationsübergreifend auf sich vereinen. Lorenzo handelt in *intellektuell-stellvertretender Funktion* . Sein Versagen kann wegen dieser eigentlich hohen Verantwortung dann auch nur durch höhere Gewalt, durch Zufall, erklärt werden. In V 2 berichtet der eingeweihte Bruder Markus, daß er Romeo die Nachricht von dem Plan des scheinbaren Todes der Julia nicht überbringen konnte.

---

[48] *in* Joachimi-Dege, 13
[49] Klotz, 137f

Natürlich bricht Lorenzo schlimmes ahnend sofort auf, kann aber dann natürlich den tragischen Verlauf nicht mehr unterbinden. Von der aristotelischen Seite her ist *Romeo und Julia* darum ein interessanter Zwischenschritt zur Unmöglichkeit der Gegenspielerdramaturgie im klassischen Sinn: Eine Nebenfigur nimmt den Kampf gegen eine übermächtige Gegenwelt auf und muß an der daraus resultierenden falschen Verteilung der Kräfte und Möglichkeiten scheitern, obwohl sie in bester Absicht und intellektueller Überlegenheit agierte. Wenn die Hauptfigur aus psychologischen Gründen nicht imstande ist, alleiniger Handlungsträger zu sein und den Kampf der Werte im antiken Sinne zu führen, wird der Platz frei für verschiedene Konstruktionen mit Nebenfiguren.

Shakespeare hat den Übergang seiner Zeit gespürt, die Wendung von Monarchie zum Moralverfall eines ungeordneten Frühkapitalismus[50], ebenso den religiösen Konflikt zwischen christlichem Gebot und keltischem Druidenwissen, außerdem unterliegt die Wende zum 17. Jahrhundert einem erkenntnistheoretischen Wandel, der alle Wissenschaften und das Denken überhaupt betraf, nämlich der Übergang von der Erkenntnis der Ähnlichkeiten zum katalogisierenden Ordnen der exakten Unterschiede.[51] Shakespeare ist diesen Problemen oft gerade mit der Unmöglichkeit einer geradlinig handelnden Hauptfigur begegnet, sei es in *Hamlet* oder *König Lear*, oder wie im nächsten Beispiel behandelt, in *Macbeth*.

c) Lady Macbeth in der Konstruktion von *Macbeth*

Inhalt: Nachdem Macbeth und Banquo eine Rebellion niederschlugen, begegnen sie drei Hexen im Wald, die Macbeth als Than von Glamis und Cawdor, ja sogar als König bezeichnen, obwohl er derzeit keinen dieser Titel besaß. Er erringt die Thantitel jedoch durch seine Siege, und von seiner Ehefrau Lady Macbeth angetrieben, glaubt er nun, mit allen Mittel König werden zu müssen. So erschlägt er König Duncan, als dieser bei ihm zu Gast weilt und läßt sich als dessen Nachfolger ausrufen. Die Tat hat Folgen: Banquo, dem die Vaterschaft des zukünftigen Königsgeschlechts geweis-

---

[50] Weimann I, 265ff
[51] Faucault, 46ff; 83ff

sagt wurde, muß ebenso aus dem Weg geräumt werden wie Frau und Kinder des Königssohns Malcolm. Um sich seines Weges zu versichern, sucht Macbeth die Hexen auf, welche ihm versichern, daß keiner ihm schade, "den ein Weib geboren" und daß er nie besiegt werde, "bis der Birnamswald von Dunsinian feindlich emporsteigt." Während Lady Macbeth wegen ihrer Taten dem Wahnsinn und Tod verfällt, wägt sich der immer kühler agierende Usurpator nun sicher. Doch Macduff, "der aus dem Mutterleib geschnitten ward", und Malcolm nehmen Rache, indem sie ihre Truppen mit Waldzweigen getarnt Macbeth zuführen, so die Prophezeiung der Hexen erfüllen und dennoch den falschen König zur Strecke bringen.

Macbeth, der sich mit immer mehr Bluttaten belastet, ist jedoch nicht von Anfang an böse, sondern durchläuft eine von übernatürlichen Wesen geschürte Entwicklung. Ironisch erscheint der Grundeinfall des Stückes, daß Macbeth wegen einer Prophezeiung glaubt, den Königstitel erringen zu sollen. Während er jedoch zweifelt und von Gewissensbissen geplagt unstetes Verhalten an den Tag legt, sieht seine Ehefrau den Auftrag glasklar vor Augen. In I 5 spricht Lady Macbeth im Selbstgespräch ihr Ziel, den Mord an König Duncan als kürzesten Weg der Prophezeiung, aus:

"Doch fürcht ich dein (Macbeth', *der Verf.*) Gemüt, es ist voll vom Milch der Nächstenliebe. ... Bist ohne Ehrgeiz nicht; doch fehlt die Bosheit, die in begleiten muß. ...Eil hierher, auf daß ich meinen Mut ins Ohr dir gieße und alles weg mit tapfrer Zunge geißle, was von dem goldnen Zirkel dich zurückdrängt..."[52]

Hier erklärt die Lady nicht nur Macbeth' Charakter und ihre eigene Art, Einfluß zu nehmen, sondern auch die Beziehungsebene der beiden Figuren, die für die kommenden Handlungen von großer Bedeutung ist. In der Tat nämlich wird Macbeth nochmals von ihr angetrieben (Dialog in I 7), bis er endlich die Bluttaten begeht, und dies nicht gerade tapferen Herzens, denn Lady Macbeth muß sein sofort erwachtes Gewissen mit ihrer ganzen Energie rational zurückdrän-

---

[52] Shakespeare, 413f

gen (II 1). Macbeth ist nicht mehr in der Lage, die Mordwaffe ins Zimmer der toten Kämmerer zu bringen, um sie mit dem Mord am König zu belasten. Lady Macbeth erledigt diesen Teil und befleckt sich nun selbst mit Blut, während sie ständig die mangelnde Willenskraft des Gemahls und dessen Grübeleien tadelt. Eigentümlich erscheint hier, daß selbst der Zuschauer gewillt sein könnte, diesen Rat der Lady an Macbeth nachzuvollziehen, *obwohl* er die Morde verurteilt. Die Lösung dieses scheinbaren Widerspruchs liegt in einem Prinzip von Konsequenz: So schlimm die Tat auch sein mag, man ist von einem derart schwachen und zweifelnden Macbeth, der ohne erdenklichen Grund nach der Tat umfällt, nicht überzeugt. Im Theater soll die Figur aus der aristotelischen Idee heraus zu ihrer Tat stehen, kommen neue Einflüsse dazu, mag sie sich wandeln. Der zweite Grund liegt darin, daß schon die vorherige Entscheidung des Macbeth für den Zuschauer anstrengend verläuft. Wenn dieser Held also schon die Anfeuerung seiner Frau nötig hat, so sollte er nach seiner Entscheidung für diesen Mord auch wie ein Held agieren, damit eine klassische Verwicklung von Gegenkräften zustande kommt.

Diese Gedankengänge leiten über zu einem aristotelischen Gesetz, das hier gebrochen wird: Der Held muß mit einem Wert im Einklang sein und dafür kämpfen. Doch Macbeth ist höchstens mit dem eigenen Aberglauben verbunden. Diese Naivität macht ihn eher zu einer "unmündigen" Figur der klotzschen Sichtweise, die wegen ihrer psychischen Schwäche der Hilfe durch die Nebenfigur bedarf. In dieser Konstruktion ist es die *verführende oder anstiftende Nebenfigur* der Lady, die mit der Hauptfigur eine Handlungseinheit bildet. Unter Handlungseinheit versteht man hier eine notwendige Planungsgemeinschaft und Mittäterschaft, die die einzeln handlungsunfähigen Figuren zusammenhält. Diese Handlungseinheit bleibt bestehen bis zu dem Festmahl, auf dem als Metapher für das Gewissen des Macbeth der Geist des toten Banquos erscheint (III 5). Ab diesem Punkt kehrt sich die Handlungseinheit um: Während Macbeth immer kälter agiert, verfällt die Lady nach und nach dem Wahn (V 1), weil sie gerade diese Tat, den blutigen Dolch für Macbeth ins Zimmer der Kämmerer zurückzubringen, selbst nicht verkraftet, oder weil sie sich von Macbeth' Gewissensqualen infizieren ließ. Lady Macbeth stirbt kurz vor der entscheidenden Schlacht, (V 5), in der Macbeth untergeht. Einerseits wird Macbeth mit ihrem Tod und seiner im Verlauf des Stückes immer mehr gesteigerten Machtgier die

Verantwortlichkeit eines Helden zurückgegeben (und damit auch das Handlungspotential der alleinigen Hauptfigur!), andererseits wird er von dem Bösen (das in *Macbeth* darzustellen dem weiblichen Geschlecht vorbehalten blieb) durch den eigenen Tod gereinigt.

Wenn die Hauptfigur eine Handlungseinheit mit einer Nebenfigur bildet, ist diese Nebenfigur mehr als ein bloßer Part einer Gegenspielerdramaturgie. Der Zuschauer beschäftigt sich dann nämlich nicht wie im antiken Drama mit der philosophischen Frage des Stücks, sondern mit den Willensanteilen der verschiedenen Kräfte im Handlungsgefüge, die durch die Figuren repräsentiert werden. Bei Lady Macbeth und ihrem Gemahl kann man in diesem Punkt eine dynamische Idee festmachen, die sich entgegen der Erwartung des Zuschauers, der in der Exposition noch einen schwachen Macbeth und eine starke Lady präsentiert erhielt, vollziehen muß. (Eine andere Handlungseinheit der Intrige, freilich schematischer[53], hat Lessing in *Emilia Galotti* mit dem Prinzen Gonzaga und seinem Kammerherrn Marinelli geschaffen. Auch dort bilden beide Figuren eine Kraft, die in ungezügelter Leidenschaft (Prinz) und kaltem Planungsintellekt (Marinelli) aufgeteilt wurde, um gegen das Opfer Emilia zu intrigieren. Lessing allerdings hat diese Handlungseinheit ohne innere Konflikte der Figuren über das ganze Stück hin durchgehalten und seiner Konstellation etwas statisches gegeben.)

Die materiellen Veränderungen und das Aufkommen des Bürgertums legten den Autoren des 16. - 18. Jahrhunderts solche Konstruktionen nahe, in denen sich die Figuren selbst durch ihre Passivität oder Unvollkommenheit auch im Nebensinn zum Thema einer gesellschaftlichen Lage oder Frage machten:

> "Aus dieser 'Zufälligkeit' der Lebensbedingungen, aus diesem 'Unterschied des persönlichen Individuums gegen das Klassenindividuum' entsteht die Repräsentation des neuzeitlichen Charakters."[54]

Dieser Charakter wendet sich dramaturgisch gesehen immer mehr vom Ideal und vom eigenen individuellen Kampfwillen des Gegenspielerstatus ab.

---

[53] Joachimi-Dege, 24
[54] Weimann II, 259

d) Narrentraditionen und Nebenfiguren in *König Lear*

Der eigentliche Gewinn der Mischung von Tragödie und Volkstheater (s.o.) bestand in der Einarbeitung des extemporierten Spiels[55] der verschiedenen Figurentypen, die als clown, fool, knave, beelzebub oder ähnlich Benannte aus den Traditionen des *mummers play, vice, mankind* oder *doctor faustus* bekannt waren. Die letzten Narrendarsteller der Shakespearezeit, William Kempe, Richard Tarlton und Robert Arnim, waren in der späteren Tradition der Hofclowns im Renaissancetheater zuhause. Auch in *King Lear* tanzte und sang der Narrendarsteller noch auf der Bühne. Das extemporierte Spiel, das jederzeit aus der Haupthandlung ausbrechen konnte, indem der Darsteller sich direkt ans Publikum wandte, hatte seine Traditionen in viel älteren Narrenliedern und ist entsprechend umgearbeitet worden. Dabei sind einige Passagen wörtlich übernommenes Volksgut oder Anspielung darauf gewesen[56]. Obwohl heute nicht mehr gesichert ist, ob es die Teilung von Vorder- und Hinterbühne gegeben hat[57], so ist doch unbestritten, daß das extemporierte Spiel die Brechung der Illusion einer idealisierten Bühnenhandlung zur eigenen Kunst erhoben hat. Darum hat sich z.B. auch das traditionelle Kunstlied der Clowns, der *jig*, eine rein epische Form der Bühnendarstellung, lange gegen das Theater behaupten können[58]. Die dramatische Tradition des Narren läßt sich von dem mimetischen Spiel des Altertums und zum Teil von der Komödientradition ableiten und hat sich über die Überlieferung der Figur des *stupidus* aus Rom über die Jahrhunderte weg erhalten, in England blieb der Hintergrund des Narren natürlich mit der britannischen Urreligion verbunden.

Für den Narren sind zwei Dinge hier besonders herauszustellen, einerseits der Gedanke des Doppeldeutigen, des Janusgesichts zwischen Kind und Weisem, zwischen Mythologie und realistischer Weltsicht.[59] Andererseits wird der Narr, der früher gehörnt und in Kuh- oder Kalbfelle gehüllt auf der Bühne erschien, direkt mit der dionysischen Kraft oder dem Teufel in Verbindung gebracht. Der

---

[55] Weiß, 45
[56] Weimann I, 86f
[57] Weimann I, 355
[58] Weimann I, 93
[59] Weimann I, 47ff

Dualismus zwischen dieser intuitiven mythologischen dunklen Wahrheit und der Verteufelung dieser Gedanken durch das Christentum mag dann auch die Ursache für den Erfolg der *vice* und *mankind* Stücke gewesen sein, in denen das Publikum sich über die Sittenregeln der Kirche öffentlich belustigen und sich davon distanzieren durfte. Die britische Volkstradition schaffte es Dank dieses tief verwurzelten Gegensatzes und des eigenen Humors sogar, selbst im christlichen Mysterienspiel dem Herodes einen gespaltenen narrenähnlichen Zug zu geben, der die Grenze zwischen Komik und Grausamkeit bis ins Letzte ausreizte[60].

Shakespeare hat Anspielungen auf den Grundgedanken des Narren in seinen Tragödien oftmals benutzt, am meisten jedoch in *Hamlet* und *König Lear*. Letzteres Stück ist das einzige, in welchem der Narr als echte Hofnarrenfigur auftritt. Wie bereits oben zu den Sehergestalten im griechischen Theater gesagt wurde, wird hier analog mit der Narrenfigur ebenfalls ein Stereotyp als Chunk benutzt: Der Narr ist gegensätzlich zum Beginn des binären Denkens als Prototyp der alten mythischen Welt ein Beleg dafür gewesen, daß Sprache, Bewegung und Rhythmus ein Ganzes bilden und der Verselbständigung der Künste entgegenwirken.[61]

König Lear

Inhalt: Der betagte König Lear möchte gerne abdanken und sein Reich unter seine drei Töchter und deren Freier aufteilen. Er verlangt von ihnen jedoch überhöhte Liebesbeteuerungen, die zu geben sich ausgerechnet seine liebste Tochter Cordelia weigert. Prompt verstößt er sie ohne jede Mitgift. Der Graf Kent, der ihn deswegen kritisiert, wird in einem weiteren cholerischen Anfall verbannt. Cordelia, die trotzdem aus Liebe von dem französischen König geheiratet wird, ahnt ein falsches Spiel ihrer Schwestern, auf die Lear nun angewiesen ist. Gleichzeitig spinnt der Bastard des Grafen Gloster, Edmund, Intrigen, um den rechtmäßigen Sohn und Halbbruder Edgar aus dem Weg zu räumen und Macht zu erlangen. Der

---

[60] Weimann I, 116
[61] Weimann I, 93

Graf Kent kehrt in Verkleidung zurück, um Lear beizustehen, der mit einer Soldatengarde Unterkunft in den Schlössern der Töchter sucht. Von seinem Hofnarren verspottet, muß der Exkönig feststellen, daß die begünstigten Töchter ihn nicht beherbergen, sondern loswerden wollen. Selbst der Kniefall des vorher überstolzen Königs reicht nicht aus, um das Herz der Tochter Regan zu erweichen. Rastlos und immer mehr dem Wahnsinn verfallend vagabundiert Lear durchs Land, von Kent und Narr begleitet. Unterwegs treffen sie im Unwetter den verstoßenen Edgar, der durch Intrigen des Edmund und seine neue Identität als Landstreicher Thoms ebenfalls irre wurde. Gloster, dessen Vater, wird nun durch die Anschwärzungen Edmunds vom Grafen Cornwall geblendet und irrt ebenfalls als Verstoßener durchs Land, während das Reich in der Hand der Töchter Regan und Goneril moralisch zerfällt. Während Cordelia mit dem König von Frankreich zurückkehrt, um ihrem Vater beizustehen, trifft der mittlerweile von seiner Geisteskrankheit genesene Edgar auf den blinden Vater Gloster und befreit ihn aus seinen Schuldgefühlen und Depressionen. Während Cordelia zum Kampf gegen ihre Schwestern rüstet, irrt Lear noch immer in seinem Wahn umher. Es kommt zu der alles entscheidenden Schlacht, in der Edgar Edmund tötet. Die Schwestern Regan und Goneril begehen Doppelselbstmord, Cordelia wird getötet. Lear trägt die Leiche seiner geliebten Tochter Cordelia übers Schlachtfeld, bis er angesichts seiner Irrtümer und seines harten Schicksals selber dahingerafft wird. An Edgar und Kent geht die Aufforderung, die Macht zu übernehmen und das zerrüttete Reich wieder aufzubauen.

Die Grundlage dieser Handlung bildet ein altes Märchenmotiv, in dem die Liebesbeteuerung für das zu erwartende Erbe herausgestellt wird. Die eigentliche Hauptperson, König Lear, nimmt jedoch bald durch die Entwicklung der Ereignisse nicht mehr aktiv an der Handlung teil, sondern verfällt recht früh, schon in III 2, dem Wahnsinn. Damit hat Shakespeare wieder einmal von der Idee der Entmündigung der Hauptfigur Gebrauch gemacht. Die Parallelhandlung um Edgar und Edmund, die schon in der Exposition durch die sorgfältige Charakterisierung des Bastards von Gloster angelegt wurde, bildet sich am Ende des dritten Akts durch die Folgeintrigen Edmunds stark hervor, so daß sie den Hauptanteil der Verwicklung im handlungstechnischen Sinne übernimmt. Ginge es in dieser Konstruktion vorrangig um die Gegenspielerdramaturgie, dann wäre das Stück anders konstruiert und von *König Lear* in den Titel *Edgar I* umbenannt worden. Die Idee der Parallelhandlung dient aber nicht einer Verteilung von Handlungselementen im dramatischen Sinne, wie bei der vielfach im Film gebrauchten Konstruktion der "Rettung in letzter Minute", sie erscheint vielmehr in einer Wertung der Aussagen moralischer Zugkraft. So ist das Gemeinschaftsgefühl der an den Umständen irre gewordenen oder entstellten Figuren ein Gesichtspunkt des Szenenbaus gewesen, der beispielsweise die Figuren Lear und Edgar bewußt in ihrem Wahnsinn zusammenführt oder Edgar später seinem Vater liebevoll helfen läßt, wobei man sich des dramaturgischen Bonus der einseitigen Erkennung eines Blinden bediente. Trotzdem natürlich entsteht auf der Affektseite des Zuschauers in der Zusammenstellung der Szenen III 5 und III 6 eine klassische Erregung über die Intrige: Edmund hat sich mit Cornwall in III 5 gegen seinen Vater Gloster verbündet, in III 6 sehen wir alle potentiellen Rettungsfiguren des Stücks im Irrsinn ein Nonsensegespräch führen, zu dem der bedrohte Gloster hinzutritt. Hier werden die Stränge zum ersten Mal verbunden, doch keine Rettungshandlung wird in Gang gesetzt: Gloster wird in III 7 geblendet.

Wie der grobe Aufbau des Stückes also zeigt, geht es über die hegelsche Kollisions-Dramatik[62] der Aktion und Reaktion hinaus hier um mehr, um den episch gestalteten Leidensweg eines alten Königs, dessen Ideale und dessen seelischer Schutz zerbricht. Um diesen Bereich genauer zu erfassen, soll eine Betrachtung der Nebenfiguren Kent, Narr und Edgar im Bezug zum Konflikt des Lear erfolgen.

aa) Kent und Lear

Kent, dessen Person so wichtig eingeschätzt wurde, daß er die Handlung mit Gloster und Edmund im Königspalast eröffnen darf, fällt sofort durch seine Toleranz und Nachsicht gegenüber des späteren Übeltäters Edmund auf, der

---

[62] Hegel, 523

von seinem Vater öffentlich als Bastard beschimpft und entwürdigt wird. Sobald Lear eintrifft (I, 1), schickt er Gloster (und Edmund) weg, der sich um die eintreffenden Adligen Burgund und Frankreich (Freier der Cordelia) kümmern soll. Im Umkehrschluß bedeutet dies für Kent, an den kein Wort ergeht, daß er bei der sich anschließenden familiären Zeremoniemischung aus Königsrücktritt und Heiratssegen erwünscht ist, kurzum, er ist ein besonderer Vertrauter Lears. Seine feudale Rechtschaffenheit und sein Ehrgefühl verleiten ihn dann wegen dem Ausbruch Lears gegen die wahrheitsliebende Cordelia zu einer kompromißlosen Kritik am König, die sonst niemand gewagt hätte:

"Kent: Kent sei ohn' Sitte, wenn Lear von Sinnen ist. ...
Was willst du, Greis?...
...Ehre fordert Gradheit, wenn Könige töricht werden."[63]

Kent, der auch sagte, daß er den König wie einen Vater geliebt und als Herren begleitet habe, reizt den cholerischen Lear fast bis zum Schwertgang, bevor er verbannt wird. Dennoch kehrt er später verkleidet zurück (I 4), um Lear zu dienen und wird für seine Tatkraft, Beharrlichkeit und Kampfbereitschaft für den König von Regan und Cornwall in Fußblöcke gesetzt (II 2). An dem tiefen fast selbstlosen Treueverhältnis zu Lear ändert sich nichts mehr, Kent ist stets um das Wohl seines Herrn besorgt, bleibt realistisch und vernünftig. Die Kraft des Kent besteht aus seiner ratio und Tapferkeit, er ist eine positive Figur des alten adligen Rittertums und der Monarchie, die ihrem König in Treue, Tiefe und aufrechter Kritik bis in den Tod verpflichtet ist.

bb) I 4 - III 6: Der Einfluß des Narren

Unabhängig von der besonderen Konstitution des Narren in seiner Tradition war es schon immer das besondere Element der Richtung nach innen zur Person, das die Spaßmacher, Teufel und Geister auf die Bühne oder ins Leben rief. Kent, der als treuer Verbündeter des Königs für ihn handelt, ist dagegen die typische Figur des Streiters gegen äußere Gefahr, und so steht auch sein Bemühen im Lichte der äußeren Konflikte Lears, während der Narr seiner Natur gemäß die inneren Konflikte, also sein Seelenleben berührt.

---

[63] Shakespeare, 476

Sehr deutlich wird diese Aufteilung in I 4, wenn Kent sich sofort tätlich gegen die Unhöflichkeiten des Haushofmeisters gegen Lear zur Wehr setzt, während der Narr Lear gar nicht sehen möchte, offensichtlich weil dieser Cordelia verstieß. Die Sicht des Narren auf die Exposition in I 1 vertieft den tragischen Irrtum des Lear, der dem Rezipienten auf Grund der stereotypen Darstellung durch das Märchenmotiv der Reichsteilung leicht zugänglich war und bei ihm bereits durch die Darstellung Cordelias und ihres Beiseite-Sprechens gegen die Schwestern Abneigung gegen das Verhalten Lears und höheres Erkennen der Zusammenhänge ermöglichte. Der Rezipient erahnt den Standpunkt des Narren und erwartet seinen Auftritt. Schon bevor der Narr auf der Bühne erscheint, entsteht durch die Zusammensetzungen der Mise en scène ein komisches Gefüge, das nur auf ihn ausgerichtet zu sein scheint: Kent kehrt verkleidet und beiseite sprechend zu Lear zurück, es entstehen Rangeleien, in denen Beine gestellt werden, Lear ist (noch auf komische Art) ratlos und gleichzeitig durch die negative Behandlung durch die Bedienten der Tochter kalt gestellt. Kent wirkt in seiner Verkleidung seines Standes enthoben, machtlos fiel er (freiwillig) vom Adels- zum Dienerstand, eine grundsätzlich komödiantische Idee, ihn also mit feindlichen Dienern zu konfrontieren, weil dieser Kampf auf der falschen Ebene geführt werden muß, wenn ein König seine Macht an die falschen Töchter verspielt hat. In diesen Gegensätzen aus "hoher" und "tiefer" Dramaturgie ruft Lear den Narren. Wenn der Narr auf der Bühne erscheint, um (stellvertretend für die Erkenntnis des Rezipienten in I 1) Lear seine Kappe zu überreichen und so zum Narren zu machen, entsteht durch dialogische Verschachtelung eine *Verbindung von Kent-Narr-Lear.* In dieser Verbindung wird immer mehr ein Stillstand der Handlungen und Handlungsfähigkeiten des Trios erzählt, und der Blick wird durch drei Repräsentanten der alten Ordnung der Monarchie auf den innerlichen Zerfall des ehemaligen Königs und dessen Reich gerichtet.

Waren es bei *Macbeth* noch zwei Personen im dramatischen Gefüge, die eine Einheit bilden, so ist es in *Lear* die komische Dreiergruppe, die später eine Wendung zur tragisch-komischen Konnotation erfährt (Wahnsinn des Lear) und schließlich sich (zunächst in epische Statik und dann ganz) auflöst, um das Ende einer tragischen Verfehlung zu ermöglichen (Lears Tod angesichts der toten Cordelia). Die Dreiergruppe wird durch zahlreiche Anspielungen und Querverbindungen zusammengehalten, z. B. dadurch, daß Lear kurz vor dem

Auftritt Gonerils in I 4 dem Narren droht, ihn auspeitschen zu lassen, während dieser erwidert, daß es immer einen Grund gäbe, ihn zu züchtigen, gleich was er tut (für die Wahrheit). In II 2 darauf wird Kent, der im Bereich seiner Person schon kritisch-narrenhafte Züge annimmt, wegen seiner verbalen Provokationen von Cornwall und der zweiten Schwester Regan in Fußblöcke gelegt. Kent erscheint so als eine vom Stande erniedrigte Person, die Adlige kritisiert und wird wie ein Narr dafür öffentlich angeprangert und bestraft, was ihn mit dem stereotypen Kontext des Narren verbindet. Dabei ist es kein Hindernis, daß der Narr in II 2 überhaupt nicht anwesend ist. Er erscheint erst in II 4 und verulkt Kent und dessen "Narrentreiben" äußerst spitz:

"Narr: Haha! Der trägt grausame Kniegürtel!.... wenn ein Mensch zu übermütig mit den Beinen gewesen ist, (in I 4 stellte Kent dem Haushofmeister ein Bein, wie er ihn auch später in II 2 nochmals fast bis zum Schwertgang attackierte, *der Verf.*), so muß er hölzerne Strümpfe tragen....

Narr: Der Schelm wird Narr, der falsch enteilt, der Narr kein Schelm fürwahr.

Kent: Wo hast du das gelernt, Narr?

Narr: Nicht im Block, Narr!"

Weil der Rezipient mit der Narrensicht in der Exposition verbunden wurde, kann sich die Dramaturgie des Narren in voller Form und Breite entfalten. Seine Komplementärperspektive[64] richtet sich zunächst auf das Erkennen der persönlichen Fehler Lears und seiner leichtfertigen Einstellung zur Machtübergabe. Der Sinn der Szene, die, wie sie im Schauspiel technisch benannt wird, Atmosphäre[65] des behandelten Hintergrundes, liegt in der analogen Weisheit des Narren und bestimmt die wichtigsten Szenen: I 4, I 5, II 2, II 4, III 2, III 4, III 6. Der Narr selbst nimmt in diesen Szenen eine multifunktionale Bedeutung an, weil er Lear einerseits verulkt, andererseits die Wahrheit auf psychologischer und gesellschaftlicher Ebene ausspricht, schließlich aber auch als echter Ratgeber agiert, der ernst genommen werden und eine Veränderung erreichen

---

[64] Weimann I, 51

[65] Cechov, Kunst d. Schauspielers, 25ff

möchte. Analog der Gestaltpsychologie funktioniert das nach dem Satz, daß, wenn zwei Menschen eine Verbindung eingehen, sie in dieser Verbindung nicht getrennt von einander bestehen, sondern eine gemeinsame Gestalt bilden, in der neue Gesetze des Verhaltens gelten.[66] Die Verbindung zwischen Lear und Narr ist von sozialer und kommunikativer Art und entwickelt sich in diesem Sinne dynamisch fort, wird zuweilen therapeutisch.

In I 4 bezeichnet der Narr den König als Narren und als seinen eigenen Schatten. Lear, der den Narren als "Söhnchen" und "Junge" mit Koseworten besetzt, hat dort noch seinen alten erregbaren Charakter, der seine Tochter zur Unfruchtbarkeit verflucht. Trotz aller Distanz empfindet der Narr für den doch König Sympathie, er folgt ihm mit den Worten: "Gevatter Lear, Gevatter Lear, wart und nimm deinen Narren mit dir." Damit sind alle Ebenen einer dialogischen Beziehungsebene exponiert.

In I 5 wird die Verulkung des Lears mit Witzsprüchen verbunden, über die der Exkönig, der dem Narren in I 4 immerhin noch Prügel androhte, nun lacht. Der Narr faßt das Problem Lears in einer erschreckend einfachen Klarheit zusammen: "Du hättest nicht alt werden sollen, bevor du klug geworden wärest." Wenn schließlich Lear angesichts der erneuten Zurückweisung der Töchter trotz seines Kniefalls in II 4, der die Zerstörung seiner Person ankündigt, im Sturmwetter in III 2 einem apokalyptisch-autoagressiven Wahn anheimfällt, reagiert der unbekümmerte freche Kritiker plötzlich vernünftig: "Ach, Gevatter, Hofweihwasser in einem trockenen Hause ist besser, ..., hinein und bitt um deiner Töchter Segen...". Dieser versöhnliche Rat ist um Einsicht und Problemlösung bemüht, bleibt jedoch beim Fortfahren des Lear in seinen Irreden nicht von langer Dauer. Nochmals faßt der Narr die Fehler des Lear zusammen: "Wer ein Haus hat, seinen Kopf hineinzustecken, der hat einen guten Kopfplatz. Wenn Hosenlatz will hausen, eh Kopf ein Dach geschafft, wird Kopf und Latz verlausen..., ... Denn noch nie gabs ein hübsches Kind, das nicht Gesichter vorm Spiegel schnitt." Wieder verweist dieser letzte Satz auf die märchenhafte Exposition und erweitert die Aussage, denn mit dem hübschen Kind können der Narr selbst (als Figur zwischen Kind und Weisheit), Cordelia oder ihre bösen Schwestern gemeint sein. Je mehr aber Lear dem Wahn verfällt, desto mehr

---

[66] DTV-Atlas zur Psychologie, 41, 97, 105

pocht sein närrischer Begleiter auf Selbstdistanz und nimmt so den Standpunkt eines Psychologen ein. Während des Nonsensegesprächs in III 6, das in eine "Gerichtsverhandlung" über Lears Töchter ausartet, fällt der Narr aus der allgemeinen Narrenhaftigkeit heraus, ja er nimmt sogar plötzlich politisch-"reformerisches" Gedankengut auf, wenn er zu dem wahnsinnigen Herrn meint: "Bitt dich, Gevatter, sag mir, ist ein toller Mann ein Edelmann oder ein Bürgersmann?", während der selbstsüchtig Irre antwortet: "Ein König!" Er macht sich über die Gerichtsverhandlung lustig, indem er über die "nicht anwesende Angeklagte Goneril" meint: "Verzeiht, ich hielt euch für 'nen Sessel."

In III 6 steht der Narr, der die intellektuelle Wertung der Zuschauer maßgeblich beeinflußte, plötzlich im Gegensatz zu der Atmosphäre der Szene, die in I 4 noch völlig auf seinen Auftritt ausgerichtet war. Folglich muß er sich in der für den Narren typischen Verkehrung[67] von der Handlung unerreichten Zieles verabschieden: "Und ich werde mittags schlafen gehen." (III 6)

Doch das letzte Thema, das der Narr im Stück verdichtet, ist die Gesellschaftskritik. In der Prophezeiung in III 2 ist sie so offen gehalten, daß für die Regie ein deutlicher Anlaß besteht, in dieser Passage Analogien zur heutigen Wirklichkeit zu ziehen. Die Prophezeiung wurde offen ans Publikum gerichtet und beschreibt den Moral- und Gesellschaftsverfall, der sich während der Blindheit des Königs ereignete. Dabei weist der Satz, "diese Prophezeiung wird Merlin machen, denn ich lebe vor seiner Zeit", unter anderem auf die Allgemeingültigkeit des Problems der Machtfrage eines gerechten Herrschers und einer verfallenden Moral aus Narrensicht hin. Dieser letzte Blickpunkt komplettiert die hier beobachteten Themen des Narren, von dem man sagen kann, daß er eine der seltenen Figuren darstellt, deren Dramaturgie sie selbst im Bezug zur Sichtweise des Publikums sind[68]. Die vieldeutigen Aussagen des Narren verbinden sich mit den inneren Konflikten des Lear, der sie daraufhin im Wahnsinn nach außen kehrt. Der Narr tritt in einem "dionysischen Ineinander von Sterben und Lachen"[69] durch subversiven Witz näher an die Hauptfigur heran als seine Vorgänger von dramatischer Seite, die Seher der griechischen Tragödie, es jemals

---

[67] Weimann I, 80f,
[68] Weimann I, 51
[69] Weimann I, 94

vermocht hätten. Er nähert sich zwar in einer chorisch-intellektuellen Distanz der Hauptfigur, ist aber wegen seiner Herkunft nicht bereit, diesen Abstand immer beizubehalten. Der Narr in *König Lear* ist in seiner multifunktionalen Mythologie das Beispiel für eine *Nebenfigur mit katalysatorischer Wirkung für den inneren Konflikt.*

cc) Psychologische Konstruktionen in III 4 und III 6: Edgar und Lear

Die Geschichte Edgars, die parallel zu Lears Schicksal erzählt wurde, endete zunächst in II 3. Dort erlebte man Edgar, der vom Vater verstoßen fliehen mußte; er schwärzte sich das Gesicht mit Schlamm und vagabundierte seither als armer "Thoms" bzw. "Turlygood". Diese Bezeichnungen meinen einen armen Landstreicher und spielen gleichzeitig auf eine Irrenanstalt an. Shakespeare beschreibt hier am Beispiel des Edgar eine Verelendung der vorher durch Pestseuchen dezimierten Landarbeiter, die fernab jeglicher patriarchalischer oder agrarer Bindung ums Überleben kämpften[70]. Diese gesellschaftlichen Veränderungen eines ungeregelt wuchernden Frühkapitalismus verliefen schnell und für die unteren Schichten unbegreiflich, darum war der Irrsinn in dieser Zeit kein Einzelfall einer angegriffenen Psyche. Edgar nun reflektiert seinen Abstieg zur niedersten Schicht textlich zwar in einer interlinearen Verzweiflung, aber distanziert und in ganzen und bestimmten Sätzen. Hier handelt es sich um einen anderen Wahn als den, der Lear in III 2 alle Ausformungen des Sturms auf seine eigene Person beziehen läßt.

Diese vielen verschiedenen Formen von Narretei und Wahn im *König Lear* bedürfen einer genaueren Betrachtung. Denn Shakespeare erfüllte das hegelsche Postulat, nachdem an den Dichter die Forderung ergeht, daß er die volle Einsicht habe in dasjenige, was menschlichen Zwecken, Kämpfen und Schicksalen Inneres und Allgemeines zugrunde liegt,[71] nur zu gut. Es würde den Rahmen dieser Arbeit sprengen, alle Szenen nach Aspekten der Gruppendynamik und Psychiatrie zu untersuchen, aber einige Gedankengänge in diese Richtung werden zeigen, daß es hier weniger um den künstlichen Wahn zur Darstellung eines inneren Konflikts oder den Wahn von Kunstfiguren handelt als vielmehr

---

[70] Weimann I, 266
[71] Hegel, Ästhetik II, 517

um die Dokumentation eines Verhaltens, das aus der Realität stammend für die Figur einer künstlerischen Gestaltung umgearbeitet wurde.

In der Psychologie gibt es den Begriff der endogenen Psychose, für die im Gegensatz zur exogenen Psychose kein körperlicher Befund erstellt werden kann[72]. Diese endogene Psychose entsteht darum aus eher innerseelischer Dynamik und wird oft durch Schockwirkung hervorgerufen. Somit wird in einer Tragödie ein rein innerer Konflikt nur in der Andeutung einer endogenen Psychose hergestellt werden. Die daraus folgenden Varianten von Beziehungswahn, Beeinträchtigungswahn, Verfolgungswahn und Größenwahn[73] lassen sich für die Figur des Lear leicht festmachen. Lear glaubt sich vom Sturm für seine Verfehlung bestraft (Beeinträchtigungswahn und Verfolgungswahn), er glaubt den heruntergekommenen Edgar ebenfalls von Töchtern betrogen (Größenwahn und projizierter Verfolgungswahn), und er schwankt zwischen Müdigkeit und Nichtigkeitswahn und größenwahnsinnigen Rache- und Verurteilungsgedanken, wobei diese Persönlichkeitsteile im Einklang mit seinem ursprünglich cholerisch aufbrausendem Temperament stehen. Man kommt dieser Figurenkonstruktion also problemlos mit modernen Psychologiebegriffen nah.

Geht man auf diesem Pfade weiter, so erscheint auch die Beziehung des Narren zu Lear in einem anderen Licht. Der Narr reflektiert das Verhalten des Lear ständig und wirft es auf ihn zurück, er bleibt distanziert und rational, er verulkt die "Gerichtsverhandlung" und verabschiedet sich aus der Szene, weil er mit seinem Anliegen scheitern muß. Er erfüllt mit dieser Strategie ein Verhalten ähnlich der klassischen Psychoanalyse[74]. Seine Aussagen beziehen sich direkt auf den Wahn Lears und weisen in sachlichem Ernst auf die krankhafte Ich-Bezogenheit hin. Der Narr bleibt analytisch und hält die notwendige Distanz, er verhindert so die Gefahren von Übertragung und Gegenübertragung[75]. Das persönliche Verhältnis ist für ihn ein Arbeitsverhältnis, und weil es sich nur auf die Persönlichkeit des Königs bezieht, ist es durchaus therapeutisch. Auf der

---

[72] Benesch, 671

[73] Benesch, 674

[74] DTV-Atlas zur Psychologie, BdII, 374

[75] ebenda

Höhe des Wahns geht die Kommunikation zwischen Lear und Narr fehl, weil gerade das "therapeutische Anliegen" des Narren unmöglich wird.

Edgar dagegen trifft in einem ganz anderen, näheren Verhältnis auf Lear. Er gebraucht Mischungen von der Beschreibung des Thoms, Kinderversen und allgemeinen Verhaltensregeln, die nicht minder verrückt als Lears Aussprüche wirken. Dennoch hat Edgar, der sich selbst dafür entschied, die Existenz eines Thoms anzunehmen, in seinen Worten etwas, was in den letzten Szenen des zweiten Akts verloren ging: Humor. Und mit diesem Humor gibt er Lear das, was er eigentlich von seinem Narren erwarten dürfte: Zerstreuung und Unterhaltung, wenn auch, wie es aussieht, unter Irren. Zum Zwecke dieser Verschiebung zwischen Edgar und Narr steht Edgar szenisch in III 4 im Mittelpunkt, weil er überraschend in seiner Hütte von Lear, Kent und Narr aufgestöbert wird. Sein Humor läßt den Narren zu Ende dieser Szene dann auch verstummen. In III 6 schließlich fällt der Narr in den Gegensatz zur Szenenatmosphäre, er steht kritisch außerhalb der "Gerichtsverhandlung" und hat nur distanzierte Verse. Hier zeigt sich die chorische Wertungsfunktion des Narren[76], die über das früher enge Verhältnis zu Lear und die Narretei der Gerichtsidee siegt: Der Narr muß gehen.

Edgar hingegen spielt das verrückte Spiel des Lear mit witzig-wahnsinnigen Sprüchen mit, er verdrängt den Narren im progressivem Dialog mit Lear. Und mitten in der Szene sagt er beiseite: "Meine Tränen nehmen so Partei für ihn, daß sie mein Spiel verderben."[77] Damit zeigt Edgar, daß er den Exkönig längst erkannte und für ihn *spielte*. Doch was spielt er und wie kann er das, wenn er selbst verrückt ist? Offensichtlich war er gar nicht verrückt. In der Psychologie gibt es den Begriff des Borderliners (engl. Grenzgänger)[78] für einen Störungszustand zwischen Neurose und Psychose. Dazu gehört unter anderem eine "mangelhafte Differenzierung zwischen Selbst und Objektrepräsentanz"[79]. Vielleicht läßt sich dadurch erklären, daß Edgar in der dritten Person von seiner Zweitexistenz wiederholt spricht: "Thoms friert." Begriffe der modernen Psy-

---

[76] Weimann I, 89
[77] Shakespeare, 524
[78] Benesch, 675
[79] ebenda

chologie können auch hier angewandt werden. Edgar spielt mit Lear die Gerichtsverhandlung und die Hetze der Hunde auf die Töchter durch, um ihm aus seinem Wahn zu helfen. Auch diese Idee findet Parallelen in der Psychologie, und zwar in Gestalt- und Spieltherapien der heute üblichen Gruppentherapie[80]. Man glaubt, durch das Nachspielen von Aggression und Konflikt heilen zu können. Am Ende aber wird Lear nicht geheilt, sondern fällt in erschöpften Schlaf. Aber ein Thoms verläßt am Ende von III 6 die Szene, der in klaren Sätzen und ohne jeglichen Wahn sein Problem erfaßt: "Mein Unglück dünkt mir leicht und minder scharf, da, was mich beugt, den König niederwarf." Mit diesem Satz findet Edgar in die Realität zurück, auch mit dem psychologisch bekannten Effekt der Erkennung eines größeren Übels. Er wird mit der Rückkehr Cordelias im Folgenden Bestandteil der Gegenintrige und führt so das Drama in die Handlungsdramaturgie des Fünf-Akte-Schemas zurück.

Für die Philosophie des Stückes ist auch diese Entwicklung multifunktional: Die gesellschaftliche Versöhnung von niederer Verelendung des Thoms mit einem entmachteten König, die Legitimation eines Nachfolgers im Kampf gegen die bösen Töchter, das Ende der alten Ordnung, die durch Lear-Kent-Narr repräsentiert wurde, durch eine neue Kraft mit sozialer Konnotation, all dies läßt sich herleiten. Wichtig aber ist der Umschwung einer Person zur aktiven Handlung, der in einem szenischen Bezug zur Hauptfigur steht. Lear schafft diesen Umschwung nicht mehr und wird von seinem Schicksal vernichtet. Edgars Wandlung zur Mündigkeit erfüllt im Bezug zu Lears Konflikt eine *stellvertretend zum Hauptkonflikt konstruierte innere Konfliktbewältigung.*

e) Zusammenfassung

In den hier untersuchten Tragödien von Shakespeare handeln die Nebenfiguren in Bereiche der Hauptfiguren hinein, die bei Aristoteles noch unantastbar waren. Die griechische Tragödie kannte, wie oben unter 1. gesagt, Protagonist, Antagonist, Nebenfiguren als Teile oder Märtyrer von Gegenspielerdramaturgien, in Botenfunktion und schließlich im besonderen religiösen philosophischen Kontext die Sehergestalten und den Chor.

---

[80] Benesch, 291ff

Wenn Shakespeare trotz seiner Neuerungen das Fünf-Akte-Schema beibehält, dann bedeutet dies nicht, daß er funktional im Sinne von Freytag eine Spannungskurve mit Höhepunkt im dritten Akt[81] erstellen muß oder die hegelsche Regel von Aktion und Reaktion im Gegenspielersystem[82] durchgängig befolgt. Denn selbst wenn er durch seine Lösungen im finalen Akt diese Vorgabe erfüllt, fehlt dennoch das linear für den Rezipienten erkennbare Modell einer Handlungskonstruktion in der erforderlichen Gegenspielerdramaturgie, ein Faktum, das unter anderem die Handlung in *König Lear* (bis zum Umschwung im 4. Akt) zum Stillstand bringt. Shakespeare hat eine episch-aristotelische Dramaturgie mit für das Publikum offenen und verdeckten Momenten hervorgebracht, die den Begriff der "verdeckten Intrige" notwendig macht und überhaupt dazu auffordert, über die Art der Dramenanalyse nachzudenken. Denn die Sicht auf das jeweilige Werk kann ex ante erfolgen oder die Konstruktion nach der ersten Erfassung von hinten nach vorne aufrollen. Zweites erscheint bedenklich, weil es zu einer einseitigen Sicht auf die Abläufe verleiten kann, die episierende Teile des Stücks im Sinne einer dramatischen Bauweise fehlinterpretieren kann.

Bei Shakespeare jedenfalls kommt man mit den Begriffen der Gegenspielerdramaturgie im *König Lear* nicht sehr weit, sofern man den tieferen Gehalt der philosophischen Aussagen im Zeitgeist erfassen will. Für das Verständnis von schwierigen Figurenkonstellationen dieser Art eignen sich dagegen mythologisch-traditionelle und vergleichende Hypothesen, auch der Blick auf die moderne Psychologie kann in Ergänzung zur übergreifenden Konstruktion eine Hilfe zur Interpretation sein. Ebenso ist auch die Nebenfigur in ihrem psychologischen Verhältnis zur Hauptperson und zum Konflikt der Hauptperson in moderneren Konstruktionen immer mehr von Bedeutung.

3. Die Nebenfigur als Integrationsfigur

In einigen kritischen Theaterstücken nach Shakespeare wurde die Hauptperson bald darauf immer mehr zur passiven Figur, zu einer Projektionsfläche von

---

[81] Freytag, 173ff
[82] Hegel, 523

Gesellschaftsverhältnissen. Der Emilia in Lessings *Emilia Galotti* stoßen alle Begebenheiten zu; sie ist nicht in der Lage, sich gegen die Annäherungsversuche des Prinzen zu wehren, obwohl sie diese schändlich findet und sich innerlich moralisch dagegen wehrt. Die Bürgerstochter ist der männlichen Verführungskraft hilflos ausgeliefert, und weil der Zuschauer die Intrigen, die zum Zwecke ihrer Schmähung entwickelt wurden, kennt, nimmt er ihr Leid, das durch männlichen Planungsintellekt konstruiert wurde, als um so unabwendbarer und größer hin. Der Nachteil dieser aristotelischen Bauweise bestand jedoch darin, daß die Katharsis dem gewünschten Lehreffekt im Wege stand, weil die Aufteilung der Personen in "Gute" und "Böse" nicht mit der Vernichtung der Emilia harmonierte und der Ausgang als solcher nicht dem klaren Sieg einer Richtung in der Gegenspielerdramaturgie entsprach.

Jakob Michael Reinhold Lenz hat mit den *Soldaten* in einer offenen Dramaturgie dieses Problem in einer analytischen Einarbeitung des Grundproblems ins Stück gelöst. Die gefallene Bürgerstochter soll hier sozusagen resozialisiert und wieder integriert werden. Das Integrationsmodell[83] bezeichnet eine im Stück diskutierte Alternative, mit der die Hauptfigur von ihrer passiv verschuldeten Unreinheit reingewaschen werden kann. Dazu benötigt man eine autorisierte Nebenfigur, die Integrationsfigur[84], die zu diesem Zwecke eine Strategie ausgedacht hat und vorschlägt. In den *Soldaten* schlägt z. B. die Gräfin La Roche der Marie vor, ihr durch Erziehung und die Gewährung einer neuen Aussteuer die verlorene Ehre wiederherzustellen, die eine spätere Heirat ermöglichen könnte[85]. Diese Lösungsmöglichkeit wird mit einer politischen Sicht verbunden und in einem Modell der Integration der Soldaten erweitert. So hat die Integrationsfigur des offenen Dramas das Problem gelöst, welches im geschlossenen Drama nicht hinreichend ausgebreitet und diskutiert werden konnte.

---

[83] Klotz, 111

[84] Klotz, 112f

[85] Lenz II, 41f

4. Wirkung der Krise des Dramas und der Moderne auf die Nebenfigur

a) Krise des Dramas: Gebrauch der alten Form mit neuem Gehalt

In Deutschland konnte auf die offene Form der Shakespearedramaturgie nicht häufig zurückgegriffen werden, und auch in England und Frankreich wurde das piéce bon faite, das gutgebaute (geschlossene) Stück, zum Vorbild der Theaterwelt des 18. und 19. Jahrhunderts. Darum treten erst zum Ende des letzten Jahrhunderts entscheidende Wendungen ein. Szondi hat diese Wendungen mit dem Begriff Krise des Dramas[86] an Autoren wie z.B. Henrik Ibsen, Cechov und Strindberg belegt. Über Ibsen sagt er beispielsweise:

> "Nur in sich vergraben, von der 'Lebenslüge' zehrend, konnten Ibsens Menschen leben. Daß er nicht ihr Romancier wurde, sie nicht in ihrem Leben beließ, sondern zur offenen Aussprache zwang, tötete sie. So wird in Zeiten, die dem Drama feindlich gesinnt sind, der Dramatiker zum Mörder seiner eigenen Geschöpfe".[87]

Die analytische Technik, vorher bis auf den bemerkenswert offenen und vieldeutigen Weg Kleists in *Der zerbrochene Krug* kaum benutzt, fand bei Ibsen einen neuen Gehalt, der sich von der klassischen Idee im *Ödipus* wegen eines neuen gesellschaftlichen Kontextes wesentlich unterschied. Der Sinn seines Ansatzes dient ebenso wie Cechovs Analyse der Langeweile[88] oder Strindbergs verzweifelt umherirrendes Gespräch[89] zur Verschärfung der inneren Konflikte der Hauptfiguren oder zur fast bildlichen Verdeutlichung eines Bezuges zur aktuellen Wirklichkeit des Zuschauers. Diese Neuerungen bleiben nach Szondi der alten Form verhaftet, obwohl sie die Regeln dieser Form ignorieren, und nehmen deshalb epische Ausweichmanöver vorweg.

In vielen dieser Konstruktionen übernehmen die Nebenfiguren hier schon behandelte Funktionen, allerdings mit stärkerer Gewichtung oder mehreren Polen. In *Gespenster* beispielsweise werden die inneren Konflikte von Frau Alving in

---

[86] Szondi, 20ff
[87] Szondi, 31
[88] Szondi, 34
[89] Szondi, 56

langen Gesprächen mit Pastor Manders zu Wort gebracht, gleichzeitig ergehen Anspielungen auf das besondere Vertrauensverhältnis beider Personen. Alles ist jedoch dem Konzept nach auf die Vergangenheit gerichtet und erfüllt außer narrativen Elementen nur wenig Anspruch auf szenische Entwicklung. Diese dagegen findet in der Darstellung von Oswald Alving und Regine Engstrand in der Gegenwart statt und zeigt auf, wie die Vergangenheit als faule Frucht auf die Nachkommen derer, die ihre Chance verspielten, einwirkt. Diese Setzung hat jedoch in der Verbindung zum Konflikt der Hauptfigur notwendigerweise eine so starke schicksalhafte Bedeutung, daß die Nebenfiguren selbst eigentlich kaum ein wirkliches Eigenleben führen. Anders als bei Shakespeares Personen- und Handlungskonstruktionen kann man hier alle Verhaltensweisen auf den Hauptkonflikt zurückführen, dies begründet eine althergebrachte Arbeitsweise, welche die Nebenfigur technisch benutzt. Die Technik des Ibsen-Dramas ist deshalb in ihrer feinen Struktur und Verwebung von Gegenwart und Vergangenheit viel beachtenswerter als die Nebenfigurendramaturgie.

Bei Cechovs Stücken hingegen findet man in der Figurendramaturgie schon fast eine Art Gleichberechtigung zwischen Hauptfigur und Nebenfigur im Dialog, die auf die Moderne verweist. Hier stehen die Figuren für bestimmte Gemütsstimmungen und Hoffnungen, die meist unerfüllt bleiben. So zum Beispiel werden Irina und der Baron Tusenbach in *Drei Schwestern* durch ihre Vorstellung vom Sinn der Arbeit im Leben verbunden, deren Verwirklichung daran scheitert, daß Tusenbach am Tag vor der Hochzeit in einem Duell getötet wird. Cechovs Dramaturgie setzt die Figuren in bekannte Handlungskonstellationen ein, verwischt die Möglichkeiten aber durch Zeitsprünge zwischen den Akten, durch Überbetonung der Motive, die ins Leere verlaufen, oder durch tragische Wendungen. Die Gesamtkonstruktionen enthalten auch hier wenig neue Aufgaben für die Nebenfiguren, die allgemein der Episierung des dramatischen Handlungsbegriffs dienen. So beschreibt man allgemein die Krise des Dramas auch mit Vokabeln der Eliminierung früherer Dramaturgiekonventionen, so wie Ibsen "die Figur zerstört", "setzt Cechov die dramatische Reaktion außer Kraft", Maeterlink (*Die Blinden*) wiederum "stellt den Dialog in Frage"[90].

---

[90] Szondi, 59

Die Einheitlichkeit dieser Beschreibungen bezeugt eine Teilzerstörung der Bühnenwelt, welche (noch) nicht darauf aus ist, sich - wie zum Beispiel im Kunstverständnis des Expressionismus - aus sich selbst heraus völlig neu zu schaffen. Die Krise des Dramas begründet sich in einer Unsicherheit der Psychologie, die Shakespeare für den Bereich der Figurendramaturgie teilweise überwunden hatte, weil er es bereits verstand, seine Figuren durch ihre persönlichen Schwächen mit anderen Figuren zu verbinden und das Problem des inneren Konflikts so nach außen zu kehren.

b) Neue Psychologie in Strindbergs Naturalismus

Strindberg lenkte seine Arbeitsweise mehr auf das Innere und Psychologische der Figur, als es andere Autoren taten. Er wollte sich nicht damit zufrieden geben, bekannte Konventionen der Dramaturgie zu zerstören, sondern arbeitete sich statt dessen immer tiefer in den Bereich der Seele seiner Figuren vor. Sein autobiografisches Konzept, welches in den Ausspruch mündet: "Man kennt nur ein Leben, sein eigenes"[91], zerstörte das Drama vor allem in den Stationenendramen wie z.B. *Nach Damaskus* oder *Ein Traumspiel* nicht durch eine bestimmte Attacke gegen eine Konvention, sondern durch die Idee des Stationendramas per se. Strindberg hat somit das epische Moment erreicht, indem er seine Handlungen auf eine andere Ebene verlegte. Darin kommt das Unbewußte, das Traum-Ich, oder der Traumspieler[92] zur Geltung und schafft eine neuartige psychologische Bühnenwelt, die formell und inhaltlich homogen erscheint. Diese Denkweise bleibt jedoch nicht auf das Traumspiel beschränkt, denn das Unbewußte und Doppeldeutige kann auch auf den Konflikt der Hauptfigur in einem "realen" Stück bezogen sein. Die psychologische Veränderung beim Blick auf die Figur ändert das Geschehen auf der Bühne in einer Art der Entkleidung der Seele durch den Autor. Die eigentlich auktoriale Ebene zersplittert in eine vielseitige Perspektivenwelt, die der Zuschauer unbewußt erfaßt und versteht. Das Ziel dieser neuen Figurenpsychologie ist die Erkennung des Unbewußten in einer doppeldeutigen Form, die einerseits die Kunstfigur in der

---

[91] *Strindberg in* Szondi, 40
[92] Dreher, 52ff

althergebrachten Weise etabliert, andererseits aber auch den Mechanismus der Psyche an sich neu wertet.

Weil diese Erkenntnisse Strindbergs im 20. Jahrhundert sowohl für die Hauptfigur als auch für die Nebenfigur bedeutsam sind und die Dramaturgie in Theater, Film und Fernsehen nachhaltig beeinflußte, soll hier einiges über die Psychologie Strindbergs anhand des naturalistischen Trauerspiels *Fräulein Julie* gesagt werden. Diese Beobachtung der Julie ist theatergeschichtlich intendiert und auf eine Hauptfigur bezogen, weil diese Hauptfigur den Archetyp einer neuen Figurenpsychologie darstellt. Diese neue Figurenpsychologie hat spätere Ausformungen von Persönlichkeitsstrukturen und kommunikationspsychologischen Verhältnissen natürlich auch im Bereich der Nebenfiguren bewirkt.

aa) Persönlichkeitsstrukturen der Hauptfigur in *Fräulein Julie*

Inhalt: In der Küche eines Gutshofs zur Zeit der Mittsommernacht verfällt die Komtesse Julie darauf, dem Kammerdiener Jean in herausfordernder Art ihre Aufmerksamkeit zu schenken. Dieser, ein überaus gebildeter und ehrgeiziger Mann, der eigentlich ein Verhältnis mit der Köchin Christine hat, weiß mit den Provokationen umzugehen, da er Julie längst als einerseits zu herrische und hochmütige, andererseits als unter ihren Stand fallende launische und labile Person durchschaut hat. Trotz seiner Warnungen kann das Fräulein ihr Verhalten nicht einstellen und nähert sich in einem vertrackten Spiel dem Kammerdiener an, der sie zwar begehrt, aber nicht ihr Spielkamerad sein will, weil er sich einer Frau nicht unterordnen kann. Dennoch überredet er sie, ihm auf sein Zimmer zu folgen, als das feiernde Gesinde sich der Küche nähert. Später jedoch ist jede Erregung der Nacht abgeklungen und das Paar sieht sich hilflos der Realität des Standesunterschieds und der verschiedenen Persönlichkeiten gegenüber. In langen Diskussionen entfremden sich beide in Uneinigkeit, bis jede Kraft fehlt, die Vorstellungen von Flucht zu verwirklichen. Statt dessen zerstören sich beide jegliche Handlungsalternative. Als Julie Geld stiehlt, um ein Fortkommen zu ermöglichen, tötet Jean ihren Zeisig, den sie mitnehmen wollte, weil er ihn für eine sinnlose Marotte hält. Schließlich haben sich beide bis zur Ankunft des Grafen so entkräftet, daß Jean willenlos in sein Dienerdasein zurückfällt, während die gefallene Komtesse apathisch mit dem Rasiermesser nach draußen wankt, um sich zu töten.

In Besprechungen dieses Stücks wird oftmals auf die Einheit von Zeit, Raum und Handlung hingewiesen mit dem Vermerk, daß diese Arbeitsweise ein Ausfluß klassischer Dramaturgie sei.[93] Auch wenn Strindberg sich zu Schiller und Goethe bekannt hat[94], muß dem entschieden widersprochen werden, denn die klassische Dramaturgie setzt nun einmal, wie bereits mehrfach gesagt wurde, eine Gegenspielerdramaturgie oder zumindest einen durchschaubaren Willen der Figuren zum offenen Kampf um ein Ideal oder ein feststehendes Ergebnis voraus. Nur in der klassischen Intrige sind Figuren und Szenendrehpunkte markante Stellen einer deutlich gesetzten sich steigernden Handlung. Das Gespräch der Hauptfiguren hier dreht sich jedoch über die ganze Länge des Einakters um Elemente der Einigung, die immer verschoben werden und sich wie Spiralen um wieder neue Persönlichkeitsteile in die Höhe einer nicht klar definierbaren Katastrophe zweier Pole drehen. Dabei sind die unzähligen Figurendrehpunkte (diese Drehpunkte sind in der gedachten Linie eines Übereinkommens der beiden Figuren gemeint, nicht im tatsächlichen Ausweichen des Dialogs auf andere Motive und Gesprächsthemen), die die ständige Konfrontation versetzen und neu schaffen, keine Entwicklungspunkte einer Handlung, sondern das Strickmuster dieser Dramaturgie selbst. Technisch gesehen läßt sich dieser Stil auf die eingewebte Motivarbeit festmachen, in der Jean z.B. einerseits als obrigkeitstreuer Kammerdiener, andererseits als romantischer Verführer, dann wieder als frauenfeindlicher Chauvinist, schließlich als seines Standes bewußter Verlobter von der Köchin Christine, dann wieder als aufwärtsmobiler Typ des amerikanischen Traums[95] erscheint, nur um einige Möglichkeiten der Benennung dieser Irritationen zu nennen. Julie dagegen ist die Herrin, die männlich erzogene Amazone, die unreife mädchenhafte Romantikerin, die von Deflorati-

---

[93] Ahlström, 13

[94] Ahlström, 13

[95] Ahlström, 10

onsangst geplagte Unantastbare[96], schließlich die männerhassende selbstzerstörerische tragische Figur. Für Strindberg typisch natürlich ist das Traummotiv des aufsteigenden männlichen Unterdrückten und der sexuell gespaltenen sich nach dem Fall sehnenden Aristokratin.

Trotz dieser Erkenntnisse von dialektischen Strukturen zwischen Ständen und Geschlechtern bleibt jedoch die Frage offen, warum das Stück seine eigenartige Anziehungskraft auf den Zuschauer entwickelt, besteht es doch nur aus einer Szene und einem langen disharmonischen Dialog. Irgend etwas muß dieses Gespräch ordnen und in jener unbegreiflichen Wirkung verdichten, die das Stück heute noch auf allen Bühnen der Welt festhält. Im Zusammenhang mit perzeptiven Leitungen im Film wird gesagt, daß die Ermittlung von Regelhaftigkeit einer besseren Informationsverarbeitung dient[97]. Sie helfe bei der Orientierung des Zuschauers in der Welt der Bedeutungen[98]. Ist diese Regelhaftigkeit textlich verankert, so ist sie ohne Probleme auch für den Theaterbereich geeignet. In *Fräulein Julie* finden sich zwei bedeutende perzeptiv angelegte Strukturen, die sich immer wieder in der Erwartung des Zuschauers bestätigen. Erstere ist gerade das Modell der Kommunikationsstörung zwischen Jean und Julie, welche in der Möglichkeit einer Einigung immer wieder auf eine andere Ebene ausweicht und sich so dem Zugriff des Gesprächspartners entzieht. Dabei hat Strindberg selbst diese Teile des Gesprächs als Grundlage einer Einigung problematisiert, die im normalen Leben bedeutungsloses Alltagsgespräch wären. Ob Fräulein Julie nun Bier oder Wein trinkt, erscheint hier schon als Gefahr eines Abstiegs oder Risikos allein deshalb, weil die Gefährlichkeit des aufwärtsmobilen Weintrinkers Jean exponiert wurde. Hochsensibel gestrickt hat der Autor hier das Thema in ständigen Umschwüngen und mit den Themen "Standesunterschied", "Befehlen" und schließlich gar "Kavaliersanstand" verbunden:

"Fräulein Julie: Weshalb setzen Sie sich nicht?

Jean: Das kann ich mir in Ihrer Gegenwart nicht erlauben.

Fräulein Julie: Und wenn ich es Ihnen befehle?

---

[96] Ahlström, 12
[97] Wuss, Filmanalyse..., 136

Jean:	Dann gehorche ich.
Fräulein Julie:	Also, setzen Sie sich! Nein..., ...geben Sie mir etwas zu trinken!
Jean:	Ich weiß nicht, was wir im Kühlschrank haben. Ich fürchte, es ist nur Bier.
Fräulein Julie:	Keine Angst! Ich habe einen so simplen Geschmack, daß ich Bier lieber mag als Wein.
Jean (...):	Bitte sehr!
Fräulein Julie:	Danke! Und Sie? Wollen Sie nicht auch etwas trinken?
Jean:	Ich bin kein sonderlicher Freund von Bier, aber wenn das gnädige Fräulein befehlen...
Fräulein Julie:	Befehlen? Ich finde, als höflicher Kavalier könnten Sie Ihrer Dame Gesellschaft leisten."[99]

Die perzeptive Leitung des Dialogs besteht in den feinen Umschwüngen, welche entgegen der Erwartungshaltung auf ein entspanntes "normales" Gespräch wirken. Jean verhält sich entsprechend der Konvention und macht Fräulein Julie darauf aufmerksam. Statt sich diesem Hinweis zu fügen, spielt Julie mit ihrer Befehlsgewalt, der ihr Diener natürlich nichts entgegenzusetzen hat. Nun reicht aber selbst dieses Spiel nicht aus, statt dessen erfolgt wirklich der Befehl. Bevor dieser Befehl wiederum von Jean ausgeführt werden kann, ergeht ein neuer Befehl, etc...

Die ständige Störung eines normalen Ablaufs mit festen Ergebnissen verhindert die entspannte Rezeptionshaltung, die man von der Unterhaltungskunst her kennt. Der Zuschauer wartet gespannt auf die Auflösung der disharmonischen Dialogführung und wird inhaltlich statt dessen im entgegengesetzten Weg immer mehr in die Katastrophe geführt. Die zweite Funktion, die diese Struktur erfüllt, liegt in der genauen Beschreibung des Charakters des Fräulein Julie. Es ist zu spüren, daß mit dieser Person etwas nicht stimmt, sei es figurentechnisch

---

[98] ebenda
[99] Strindberg, Fräulein Julie, 13

oder psychologisch, diese Person kommt nicht zur Ruhe und geht einen auf der Bühne bis dahin ungewohnten Weg der Selbstvernichtung. Sieben Jahre vor der Begründung der Psychoanalyse hat Strindberg die Neurose einer Frau, die für ihre Emanzipation ihr Geschlecht verleugnen muß, beschrieben. Peter von Matt nannte diese Strukturerhellungen in diesem Zusammenhang psychodramatische Substrate[100]. Sie machen die Sichtweise möglich, daß elementare psychoenergetische Dispositionen im Drama Einzug halten können. Für Fräulein Julie besteht daher der Weg der tiefenpsychologischen Interpretation.[101] Dabei wäre hier die Erkenntnis eines ödipal-weiblichen Komplexes gegeben, sowie eine innere Ich-Spaltung im Sinne der freudschen Ambivalenz[102]. Inwieweit man heute sich diesen Theorien des Über-Vaters noch anschließen möchte, kann hier offen bleiben aufgrund der sicherlich eindeutigen Gewichtung auf die Psyche der Hauptfigur zu einer Zeit, in der die Urthesen der Psychoanalyse noch gar nicht erforscht waren. Im Allgemeinen ist es allerdings besser, psychologische Begriffe zu benutzen, die sich direkt auf das Verhalten der Figur beziehen, denn ihre tiefere Psychologie unterliegt außerhalb der gespielten Handlung der Spekulation und wird eventuell zu sehr aus dem Zusammenhang der Bühnenhandlung herausgerissen.

Will man das Verhalten Julies psychologisch erfassen, so paßt ein Begriff der Persönlichkeitspsychologie Riemanns hier meines Erachtens besser, nämlich der der Angst vor der Hingabe, die sogenannte schizoide Persönlichkeit.[103] Diese Persönlichkeiten zeichnen sich durch extreme Bindungsängste aus, sie können sich den Partner nur als Gefahr der eigenen Vernichtung vorstellen[104] und neigen zu gefühlskaltem wechselhaftem Verhalten. Der plötzlich auftretende Haß auf das andere Geschlecht und die stellvertretende Projektion[105] zeigen sich deutlich in Julies Haßerklärung angesichts ihres geköpften Zeisigs:

---

[100] *in* Ahlström, 17
[101] Ahlström, 16
[102] Ahlström, 17
[103] Riemann, Grundformen der Angst, 20ff
[104] Riemann, 29
[105] Riemann, 29

"Sie glauben, ich könnte kein Blut sehen, sie halten mich für so schwach - ah, ich hätte Lust, dein Blut, dein Hirn auf dem Baumstumpf zu sehen, so wie da - ich möchte dein ganzes Geschlecht schwimmen sehen in einem Meer von Blut..."[106]

Diese psychologische Deutung der schizoiden Persönlichkeit hat für sich, daß sie mit der perzeptiven Leitung das Verhalten erklärt und außerdem im Gesamtwerk Strindbergs oft anzutreffen ist:

"Die autobiographischen Romane Strindbergs enthalten viel von solcher schizoiden Tragik, bringen zugleich eindrucksvolle Beschreibungen der lebensgeschichtlichen Hintergründe solcher Persönlichkeitsentwicklungen."[107]

Strindbergs autobiographisches Konzept kommt auch hier zur Geltung. Seine innovative Leistung besteht in der Ausrichtung eines Dramas auf das Verhalten einer Figur, um sie der Analyse des Zuschauers preiszugeben. Dabei geht er mit einer fast dokumentarischen Genauigkeit in der hochsensiblen Beschreibung kleinster Details vor und stellt diese in Zusammenhang mit Persönlichkeitsteilen, die in Motiven immer wiederkehren, sei es als Traum, als Bezug Julies zur Religion, als ihre Vorstellung vom Herrschen und Befehlen. Strindbergs Einakter stellt zum ersten Mal die besondere Beschaffenheit eines psychologischen Problems über die Gesetze der Handlungsdramatik und mischt somit in gekonnter Form Kunstfigur mit real beobachteter Psychologie. Die feine Strukturierung kleiner Umschwünge in der Dialogentwicklung ist wegweisend für das spätere Genre Psychodrama, welches ebenso in statischer Form jeglicher Lösungsmöglichkeiten entbehrt, um die Figur nicht aus dem Konflikt zu entlassen.

bb) Nebenfiguren in epischer Sequenz : Der Chor in *Fräulein Julie*

In der Schlüsselszene von *Fräulein Julie* flieht Julie mit dem Kammerdiener Jean auf dessen Zimmer, als eine Gruppe des gemeinen Volkes sich singend nähert. Jean, der sich im Gegensatz des Fräuleins ständig auf Regeln besinnt und eine zwanghafte Natur an den Tag legt, glaubt, daß es ein Skandal sei,

---

[106] Strindberg, 47
[107] Riemann, 28

wenn er zusammen mit Julie gesehen wird, wohingegen Julie glaubt, daß sie nichts zu befürchten habe, weil die Leute sie lieben. Der zwanghafte Zug des Kammerdieners, der übrigens von Riemann als Gegenkonstruktion zur schizoiden Persönlichkeit angeführt wird[108], wird hier jedoch ausnahmsweise positiv aufgelöst: Julie und Jean kokettieren und machen aus ihrer Flucht vor dem Volk ein Spiel, in dem motivische Momente wie das Niederknien vor Julie wiederholt und komisch aufgewertet werden. Plötzlich scheint sich alle Disharmonie in einem naiven Spiel zweier abenteuerlicher Verschwörer aufzulösen. Zudem ist die Verwandtschaft zum traditionellen Volkstheater und zur Operette durch das gesungene Lied unübersehbar. Dennoch glaubte Jean, daß das Volk ein Spottlied auf ihn und Julie singe. Dieses Lied klingt einmal im Off an und wird später, wenn Jean und Julie hinter der Szene sind, auf der Bühne wiederholt:

"CHOR: Aus dem Wald zwei Mädchen kamen,
titirallalla titirallalla,
die taten sich gar net schamen,....,
sie sprachen von Samt und Seide,....,
in Lumpen gingen sie beide,.......,
meinen Kranz, den will ich dir schenken, ...,
doch tu an ne andre ich denken,........"[109]

Dieser Einschub des Chors hat etwas komödiantisches, weil er ein Versteckspiel beinhaltet und das Geschehen hinter der Bühne (die Vereinigung von Julie und Jean) verdeckt kommentiert. Man bezeichnete das Stück wegen der Stimmung der Mittsommernacht, der Kochszene mit dem "Teufelsdreck" für die tragende Hündin Diana und anderer Details wegen als "den Sommernachtstraum in der Hexenküche"[110]. Indessen sind die komödiantischen Elemente nicht "lustig", sondern reizen jeden Regisseur zur Übertreibung und Verfremdung. Darum sprechen Zeitzeugen auch von den "Sauf- und Verwüstungsorgien nebenan,... der Knecht nimmt die Herrin, und das Gesinde geht daran, das Herrenhaus zu demolieren."[111]

---

[108] Riemann, 105

[109] Strindberg, 23f

[110] Ahlström, 13f

[111] Ahlström, 12

In der ursprünglich geschriebenen Fassung aber hatte Strindberg wohl etwas anderes im Sinn, wenn er die Chorszene mit dem Begriff "Ballett" überschreibt. Dieses Ballett ist ebenso wie Christines "Pantomime" der müde gearbeiteten redlichen Köchin, in der sie sich auf den Tanz mit Jean vorbereitet und Julies Taschentuch (ein szenisches Requisit für Julies Gespaltenheit gegenüber Jean) ständig auf- und zusammenfaltet, eine Aufwertung der geraden Lebensweise des einfachen Volkes. Diese Lebensweise steht im Gegensatz zu den intelligenten Macht- und Täuschungsmanövern, in denen sich Julie und Jean pausenlos messen. Der Text des Liedes wirkt deshalb wie ein Gleichnis, in dem auf eine weit entfernte Ebene hingewiesen wird, die den Betrug von Schein und Wirklichkeit thematisiert. Dieser Betrug entspricht zwar dem Verhalten von Jean und Julie, beschreibt es aber nicht ganz genau, und dennoch versteht man den Bezug, ohne der übertreibenden Wertung Jeans als "Spottlied" zustimmen zu müssen. Es ist die ironisch-kritische Wertung des Autors, die hier kommentierend eingreift und in sparsamer Dosierung eine unterschwellige Verurteilung des Handlungsverlaufs auf der Metaebene für den Zuschauer beinhaltet.

Strindberg hat sich nicht um eine kontrastierende, sondern um eine vergleichende Ebene bemüht, und dies weist mehr auf die Strukturen hin, die er in den Stationendramen benutzte. Die Stationendramen haben mit *Fräulein Julie* an dieser Stelle etwas gemeinsam, das man als Einfluß des auktorialen Erzählers auf das Bühnengeschehen benennen kann. Nur in Konstruktionen, die von vornherein mehrere Blickwinkel einnehmen, kann sich der Autor auch in der Bühnendramaturgie wie ein auktorialer Erzähler verhalten. Er kann Nebenfiguren dafür benutzen, eine wertende Aussage über die Hauptfiguren zu machen, ohne sie vorher in diesem Zweck exponiert zu haben. Durch die Off-Dramaturgie und Jeans Benennung als Spottlied entsteht unwillkürlich die vergleichende Ebene der parallel-wertenden Gestaltung. Diese vergleichende Ebene kann nur deshalb in die Handlung eingebettet werden, weil es eine Perzeptionsleitung in der Dialogführung gibt (s.o.), die den Zuschauer auf die Varianten der Konfusion zwischen den Figuren konditionierte. Diese Konfusion wird durch die Retardierung der Parallelhandlung um den Chor nur scheinbar angehalten und setzt sich als Andeutung in der Metaebene fort. Strindberg benutzt diesen Chor in *Fräulein Julie* darum in der *Funktion einer vergleichenden Wertung*, was nur in einer wirklich epischen Sequenz möglich ist, die hier mit

Mitteln der volkstümlichen Bühne und der Musikdramaturgie herbeigeführt wurde.

c) Tennessee Williams' *Endstation Sehnsucht* : Flores para los muertos - Eine metaphorische Projektion

Die bei Strindberg entdeckte Öffnung zur subjektiven Welt des Autors, die sich auch auf die szenische Gestaltung des Stücks auswirkt, soll in einem berühmten Beispiel des Amerikaners Tennessee Williams weiter verfolgt werden.

Endstation Sehnsucht ist in einer Zeit der amerikanischen Dramendichtung angesiedelt, die viele Änderungen für die Bühne mit sich brachte. Die Erkenntnisse Strindbergs und auch die gesicherten Kenntnisse der Psychoanalyse durch Freud[112] hatten die Autoren nachhaltig beeinflußt. In Amerika war die Bühnendarbietung in ihrer Tradition stärker mit der Musikdramaturgie verbunden[113], zum Teil durch die "Vaudeville"- und "Variety-Shows", aber auch durch die älteren "Minstrelshows" afroamerikanischen Ursprungs[114]. Der Anspruch des politischen Revuetheaters war in Amerika wahrgenommen worden[115], und auch der Einfluß Erwin Piscators hatte die Vorstellung vom Theater in Richtung dokumentarischer Elemente und Milieuschilderung verändert[116]. Das Theater sollte wieder ein Ort politischer Bildung werden, und so verstand sich Williams, der für Toleranz, Freiheit und sexuelle Befreiung eintrat, als Wegbereiter für ein neues Theaterkonzept:

"In my opinion art is a kind of anarchy, and the theatre is a province of art.... Art is only a anarchy in juxtaposition with organized society...."[117]

Williams nannte sich selbst "a dramatist of feeling", er glaubte, den seelisch verkrusteten Menschen zur Erkenntnis der harten Realität des amerikanischen Kapitalismus öffnen zu müssen[118]. Sein Konzept war didaktisch, für *Die Glas-*

---

[112] Kaiser, 29, im Zusammenhang mit Tennessee Williams
[113] Schröder, 32ff
[114] Schröder, 33
[115] Szondi, 109
[116] Piscator in Szondi, 109f mit einer Wertung des Milieus, wie sie Williams ähnlich gedeutet haben muß
[117] *Williams in* Schröder, 40
[118] Schröder, 42f

menagerie wollte er Projektionen auf einer Leinwand für ein besseres Verständnis verwenden[119]. Seine Idee des "Plastic Theatre"[120] sollte einfache Dinge, Geräusche, Personen, Alltagshandlungen und Ähnliches durch Groteske oder Drastik einprägen und verstärken. Unbewußt hat Williams mit den vielen außersprachlichen Zeichen, wie Schröder sie in seiner genauen Untersuchung aus der Sicht der Semiotik benennt[121], eine Veränderung in den Darstellungsformen des Theaters überhaupt mit hervorgebracht.

Der Wettlauf mit dem frühen Tonfilm brachte in dieser Zeit eine neue "Dreidimensionalität" des Theaters mit sich. Der Off-Ton wurde im Theater erst mit dem Film in all seiner Ausdrucksstärke entdeckt, und auch die Musikdramaturgie brachte mit der Entdeckung der zweiten auditiven Schicht, die das Innenleben der Figuren außerszenisch beschreibt[122], neue Möglichkeiten ein. In *Endstation Sehnsucht* hat Williams, der früher kurze Zeit als Filmautor tätig war, die Polka-Musik der Varsouviana benutzt, um Blanche Dubois' inneren Konflikt der Vergangenheit, der die Schuld am Selbstmord ihrer Jugendliebe Allan betrifft, auf der zweiten auditiven Schicht darzustellen. *Endstation Sehnsucht* lebt geradezu von der Vielfalt der Motive und außersprachlichen Mittel, die dazu benutzt werden, den inneren Leidensweg der Blanche bis zu ihrem Wahnsinn zu beschreiben.

Die grundsätzliche Idee des Stücks, das Scheitern der geistig verwirrten und in der Vergangenheit lebenden Blanche an der kapitalistischen Ideologie und der animalischen Männlichkeit des Stanley Kowalsky, führt über mehrere Etappen zur Katastrophe einer Vergewaltigung. Blanche befindet sich im Gegensatz zu dem Milieu des vieux carré von New Orleans, die Hitze und der Platzmangel in der Wohnung bestätigen die Idee einer Dramaturgie der Enge[123]. Von Anfang an steht Blanche zwischen Stella und deren Mann Stanley, von dem sie sich gleichzeitig angezogen und abgestoßen fühlt. Blanche glaubt allerdings fest,

---

[119] Williams, 123f

[120] Schröder, 45

[121] Schröder, 44ff

[122] Rabenalt, 45

[123] Szondi, 96, betont die notwendige gegenseitige Verletzung der Figuren durch den Dialog in der Enge.

daß ihre letzte Überlebenschance nur in Stellas Nähe möglich ist. Unfähig, die Zeichen der Umgebung zu erkennen, verstrickt sich Blanche in falsche Erwartungen und Träume aus der Vergangenheit. Sie wirkt hilflos und übernervös, weil sie aus ihrem Beruf als Lehrerin ausscheiden mußte, da sie einen Schüler verführt hatte, der ihrer Jugendliebe ähnlich sah. Der alte Besitz der Dubois ist verloren gegangen, Blanche mußte ihr Leben nach der Heirat mit dem latent homosexuellen jungen Allan, der Selbstmord beging, der aussterbenden Familie weihen. Die einzige Rettung für sie besteht in einer Heirat mit Mitch, welche aber von ihrem Schwager Stanley, der ihre Vergangenheit als Prostituierte aufdeckt, verhindert wird. Als Mitch sich von Blanche abwendet (III 3), ertönt von draußen von einer Straßenverkäuferin der Ruf "Flores! Flores para los muertos!" (Blumen für die Toten!). Anfangs kaum hörbar steigert sich der Ruf mit der ausgesprochenen Absicht des Mitch, Blanche nicht heiraten, nun aber sexuell ausbeuten zu wollen. Schließlich verstummt Mitch, und die alleingelassene Blanche trifft auf die Straßenverkäuferin und gerät dabei fast in Panik, (auch die Varsouviana ertönt). Im Anschluß trifft Blanche in III 4 auf Stanley und erlebt somit ihre Vernichtung, die ihren Wahnsinn und die Abschiebung in eine Irrenanstalt auslöst.

Die hochtragische Bedeutung der Verkäuferin und ihres Ausspruchs ist in das Stück motivisch eingearbeitet. Das "feindliche" Milieu wurde zunächst in Off-Rufen der Straßenverkäufer (z.B. Ende von I 2) etabliert, und nachdem Blanches Vorgeschichte mit dem jungen Allan, an dessen Tod sie sich schuldig fühlt, erzählt wurde, trifft sie in II 1 auf den jungen Zeitungsverkäufer, den sie in ihrer Sehnsuchtsvorstellung von der Vergangenheit für Allan hält und auf den Mund küßt. Sie verabschiedet ihn mit dem Wort "Adios", spricht also spanisch wie später die Verkäuferin. Just als der junge Mann gegangen ist, erscheint Mitch und bringt Blanche einen Strauß Blumen. Somit ist mit dem Ausspruch "Flores (Blumen des Mitch) para los muertos (Allan, Auflösung der Beziehung durch Mitch)" die Ausweglosigkeit im Leben der Blanche überdeutlich gesetzt worden. Die Blumenverkäuferin existiert genauso wie die Musik, die vorher mit Allan assoziativ verkettet wurde (I 2), nur im Bezug zum inneren Konflikt der Blanche. Sie nimmt nicht an der Handlung teil, sondern wiederholt nur stereotyp ihren Satz. Dennoch wird ihr Auftritt zu einem Höhepunkt der ausweglosen Lage der Blanche, zu einem erregenden Moment vor der Begegnung mit Stanley Kowalsky. Die motivische Arbeit verknüpft Elemente endlosen verwirrten Leids, so daß selbst der Rezipient seine Assoziationen kaum bewußt zurückverfolgen kann, denn alles verweist auf ein anderes und kreuzt sich mit früherem. Als Blanche das Haus zu Beginn des Stücks betrat, verglich sie die Szene mit dem Stil des Schriftstellers Edgar Allan Poe.

E. Allan Poe, der selbst an der unglücklichen Liebe zu seiner früh verstorbenen jungen Frau litt und deshalb den romantischen Horrorstoff des aus dem jenseits zurückkehrenden Partners immer wieder verarbeitete, ist bereits vor dem wirklichen Exgeliebten Allan, vor dem Zeitungsverkäufer, vor den Blumen des Mitch, vor dem Spanisch des Milieus und vor den Flores para los muertos ein unterschwelliges Zeichen für den Konflikt der Blanche. Die psychologische Charakterisierung wird hier mit Milieuebenen und -symbolen additiv in einer Art vermischt, die im Sinne des plastic theatre auf den Zuschauer auditiv und visuell wirken, die außerdem mit Mitteln des Off-Tons Irritationen hervorrufen, die einen besonderen Spannungseffekt erzeugen. Diese feine Motivarbeit bescherte Williams den Ruf eines poetischen[124] Bühnenautors. Die Blumenverkäuferin vereinigt auf sich die Motive mit einem Endpunkt von auswegloser Tragik, die Einsamkeit und das verpfuschte Leben der gealterten Schönheit werden durch sie wie durch einen Spiegel, den die Hauptfigur sich selbst vorhält, gezeigt. Assoziative motivische Verkettungen können in dieser Form eine Nebenfigur statisch benutzen und zum wandelnden Abbild einer Konfliktsituation machen. Die Blumenverkäuferin in *Endstation Sehnsucht* ist eine *Nebenfigur, die zur metaphorischen Darstellung des inneren Konflikts der Hauptfigur dient.*

d) Die Moderne nach dem Absurden Theater

Das Absurde Theater hat zu der subjektiven Gestaltung einer psychologischen Gestaltung der Geschehnisse aus betonter Autorensicht, wie sie bei Strindberg und Williams mit unterschiedlichen Mitteln der Bühnendarstellung erreicht wurde, entscheidende Neuerungen hinzugefügt, welche die dramaturgische Analyse im Sinne der klassischen Untersuchung der Bühnenhandlung unmöglich macht. Die bekanntesten Stücke von Ionesco und Beckett beispielsweise

---

[124] Kaiser, 29

setzten den Dialog außer Kraft, indem sie ihm den eindeutigen Informationsgehalt nahmen. Gleichzeitig wurde im Absurden die Aufteilung von Nebenfiguren und Hauptfiguren im hergebrachten dramaturgischen Sinne aufgegeben oder war nur schwer zu erkennen.

In *Die kahle Sängerin* von Ionesco unterhalten sich gleichberechtigte Figuren in einer Art Nonsens, die schließlich im gemeinsamen und abwechselnden Aufzählen der Vokale gipfelt. Diese Art von Antitheater sollte gegen jegliches Bühnengeschehen gerichtet sein. Ioeneso gab in einer Regieanweisung vor, daß Stück in einer Schleife immer weiter spielen zu lassen, wollte aber eigentlich noch radikaler vorgehen:

> "In Wirklichkeit ... (sollten die Personen, *der Verf.*) explodieren oder schmelzen wie ihre Sprache. Man sollte ihre Köpfe sehen, die sich von den Körpern lösen. Arme und Beine, die durch die Luft wirbeln..."[125]

Das Dialogmuster in *Warten auf Godot* von Becket kann sicherlich analysiert werden, die Handlung oder ein Fortgang jedoch kaum, denn der Verlauf des Dissenzgesprächs und die daraus entstehende Frustration waren das Ziel des Stücks. Wegen dieser Mißachtung einer Verabredung zwischen Zuschauer und Autor warten die Zuschauer vergeblich auf Handlung und Logik, und die Figuren warten - ebenso vergeblich - auf Godot und eine Sinngebung ihrer Existenz[126].

Das Absurde Theater war in der Lage, den Akteuren zugunsten einer übergreifenden Aussage kritischer und philosophischer Art den Handlungsspielraum zu nehmen. Die Nebenfiguren können daher nicht mehr im figurendramatischen Sinne untersucht werden, sie sind Platzhalter für Wendungen einer übergreifenden Idee. Diese Freiheit des Autors mit Figur und Handlung beeinflußte auch die späteren Autoren, mit Konventionen zugunsten der Aussage zu brechen. So hat Peter Weiss beispielsweise im *Gesang vom Lusitanischen Popanz* seine Figuren durchnumeriert und nach Geschlecht festgelegt, sie wandeln demnach ihre Persönlichkeit je nach Bedarf der Szene und stellen alle Rollen dar[127]. Hei-

---

[125] *Ionesco in* Knaurs, 364

[126] Knaurs, 69

[127] Weiss, 8

ner Müller hat schließlich durch seine Stücke (z.B. *Hamletmaschine*) aufgezeigt, daß die Bindung an die darstellende Figur für den Autor nicht so stark ist wie die Bindung an den dargestellten Text[128].

Derzeit gibt es Theatergruppen wie das polnische Teatr Ósmego Dnia, die ihr Stück *Hexensabbath* ohne festgelegte Rollen in einer Art Choreographie aufführen, und dafür auf einen gesprochenen Text fast gänzlich verzichten. In solchen Konstruktionen behandelt die Figur nicht mehr ihren eigenen Konflikt, sondern den des Autors bzw. der Autoren. Wendt hat deshalb in seinem Versuch einer modernen Dramaturgie nach dem Absurden Theater festgestellt, daß derartige Stücke nur noch nach ihrer Message und der Weltsicht des Autors geordnet werden können.[129] War die offene Dramaturgie noch so gestaltet, daß die Hauptfigur mangels eines Gegenspielers von der dargestellten Welt, die durch Nebenfiguren repräsentiert ist, bedroht wird[130], so hat die Moderne den Sinn dieser Repräsentation durch Personen zugunsten der Darstellung von bedrohenden Mechanismen verändert.

---

[128] in Schulz, 16ff., es fällt das müllersche Schlagwort der "Abschaffung des Autors"
[129] Wendt, 7f
[130] Klotz, 108

61

IV. ZUR DRAMATURGIE DER NEBENFIGUR IM FILM

1. Das andere Medium

Über den Unterschied zwischen Film und Theater ist viel nachgedacht und geschrieben worden, wenn dieses Thema hier kurz gestreift werden soll, dann geschieht dies deshalb, weil bestimmte Sichtweisen ihre Wirkung bis in die Filmanalyse hinein entfachen und dort problematisch werden können. Aus der Welt des Theaters kam die Idee, daß der zu behandelnde Gegenstand ein idealisierter sei, insoweit idealisiert unabhängig von den Gestaltungsweisen der geschlossenen, offenen oder modernen Dramaturgie, daß die Ebene der Auseinandersetzung nicht wirklich ist und daß diese Prämisse vom Zuschauer zugunsten der kommunikativen Diskussion des Themas akzeptiert wird. Die vielfach benutzten "zeitlosen" Grundregeln des Aristoteles haben die Wirklichkeit speziell zum Zwecke der Affektdramaturgie *modifiziert* und das Bühnengeschehen auf diese besondere Illusion gerichtet, um eine Katharsis zu ermöglichen. Die Grundidee dieser Theaterdramaturgie war gerade die Illusion, welche später so oft angegriffen wurde, weil sie nicht mehr zeitgemäß war.[131] Zum Film dagegen wurde oft behauptet, daß er im Sinne der Authentizität die Wirklichkeit abbilde und deshalb mit dem Alltagsleben verbunden sein müsse:

"Da nun die ästhetischen Ordnungs- und Organisationsmittel des Films zwar in ihrer Gesamtwirksamkeit in vieler Hinsicht über das Unmittelbar-Alltägliche hinausgehen, jedoch diese - photographische - Abbildung der Wirklichkeit nicht aufheben, ..., muß sie ein wesentliches Moment des homogenen Mediums in der Filmkunst ausmachen."[132]

Aus solchen Folgerungen entstand das Postulat, daß der Film - sozusagen "aus sich selbst heraus" (sui generis) - dazu verpflichtet sein soll, diese Realität in einer Form abzubilden, die dann als "filmisch" benannt wurde.[133] Hergeleitet wurden diese Argumente aus der Erkenntnis, daß die Photographie ihrem We-

---

[131] Dürrenmatt, Theaterprobleme, 10ff; *Friedrich Wolf, in politischem Kontext, in* Voigts, 96
[132] Lukács, 473
[133] Kracauer I, 71

sen nach Realität abbilde und auf Grund ihrer daraus entstandenen Ästhetik auf den Film einwirken müsse. Der frühe phantastische Film wurde als Méliès-Richtung benannt und in diesem Kontext als medienuntypisch verworfen[134], obwohl zugegebenermaßen sein Erfolg beim Publikum unbestritten war. Im Sinne der weiteren Folgerungen nach der "Errettung der Realität" im Film wurden ganze Genres abgelehnt oder angezweifelt, weil sie, wie z.B. der Historienfilm, nicht der gegenwärtigen Wirklichkeit entsprächen:

> "Ungleich der jüngsten Vergangenheit läßt sich die historische nur mit Hilfe von Kostümen und Dekorationen inszenieren, die dem Leben der Gegenwart entrückt sind. Beim Anblick dieser notwendig gestellten Dinge kann der fürs Medium empfängliche Kinobesucher nicht umhin, Unbehagen zu spüren."[135]

Hier scheint sich ein Fehler in die Argumentation eingeschlichen zu haben. Photographie (und ebenso auch Film) lösen nämlich beim Betrachter nur dann den Wunsch nach Realität aus, wenn diese Realität als gedachte Vorstellung eines Vergleichs mit dem Film im Bewußtsein vorhanden ist. In den Genres des Historienfilms oder des Phantastischen Films fehlt dieser Vergleich in der Regel oder ist nur aus vorherigen Filmen möglich. Darum sind diese Filme eigenen Gesetzen unterworfen. Aus über hundert Jahren Kinogeschichte ist bekannt, daß gerade diese "unfilmischen" Filme, von *King Kong* über *Jurassic Park* bis *Independence Day* die größten Kassenerfolge waren. Die Art, wie das Medium arbeitet, nämlich in der Kopierung einer real gefilmten - aber wie auch immer gestellten - Szene kann nicht als Argument dafür herhalten, daß auch der *Inhalt* diesem Mechanismus genügt. Indessen hatte auch schon das Photo des 19. Jahrhunderts der Vorstellung des Fotografen zu entsprechen und nicht einer "objektiven" Wirklichkeit, (die darüber hinaus willkürlich wäre und nicht klar definiert werden kann). Darum ist fast gleichzeitig mit dem Photoapparat die Retuschierung und das nachgefärbte Bild erfunden worden, ebenso gibt es eine Unzahl von Kostümbildern und Ähnlichem, was nur der Phantasie des Künstlers entsprungen sein konnte. Offensichtlich fußt die Behauptung Kracauers auch auf die These, daß dem Theater ausschließlich die Illusion und dem Film

---

[134] Kracauer I, 60f
[135] Kracauer I, 114

ausschließlich die Realität vorbehalten sein soll[136]. Auch diese Meinung ist äußerst zweifelhaft, wenn man bedenkt, daß sich das Theater seit Ibsens Kammerspiel und über den Einfluß Piscators hinaus immer mehr der Darstellung realer sozialer Umstände verschrieben hatte. Zudem erfährt der Zuschauer im Theater eine Live-Präsentation von lebenden Schauspielern, die in ihrer Dichte je nach Interessenlage realer wirken kann als mancher Kinofilm.

Die Eigenart des Films gegenüber dem Theater besteht vielmehr in der absoluten und fixierten Überlegenheit der Darstellungsmittel. Die Kamera drängt dem Rezipienten ihre Perspektive auf, sie kann mühelos alle beliebigen Räumlichkeiten in der Montage verbinden. Nur im Film ist es möglich, realitätsnahe Aufnahmen mit dem Anspruch auf Authentizität zu zeigen. Darüber hinaus bietet die direkte Wahrnehmungssteuerung des Rezipienten eindeutige Vorteile in der manipulativen Wahrnehmungspsychologie. Die schnelle Abfolge der Bilder und der Bildqualität hat dagegen auch den Animations- und Trickfilm hervorgebracht. Auch diese Art Film bedient sich trotz der eigentlichen "Irrealität" der gleichen Wahrnehmungs- und Identifikationspsychologie in der räumlichen und zeitlichen Gestaltung von Bildmontage und Tonbearbeitung. Eine ästhetische Unterscheidung von realen oder irrealen Filmen ist längst überholt, seit es Filme gibt, die beide Ebenen bewußt gemischt haben, wie z.B. *I want to go home* von Alain Renais. (Dort entstand diese Mischung aus der dramaturgischen Idee, dem amerikanischen Komikzeichner mit Familienproblemen seine eigene Komikfigur im Selbstgespräch erscheinen zu lassen. Dieses Mittel diente nicht nur dem Zweck, Komik in der Filmhandlung zu erzeugen, sondern hatte auch einen realen Bezug zu den Problemen mit der Tochter des Zeichners.) Der Ausspruch Tarkowskijs, daß Film "versiegelte Zeit"[137] enthält, meint eine Konservierung eines Raum-Zeit-Erlebniskontinuums, welches mit den Mitteln des Tons und der Montage unabhängig von dem jeweiligen Inhalt eine unwandelbare Zusammenstellung von Ereignissen geschaffen hat, die kommunikativ auf den Zuschauer ausgerichtet ist. Unter diesem Aspekt wird hier im Zusammenhang mit Filmanalyse gesprochen werden.

---

[136] Kracauer I, 55

[137] Tarkowskij, 66

2. Die Nebenfigur in der Problematik der Filmanalyse

Das Stichwort Erlebniskontinuum bringt in der Analyse eine starke Auffächerung von Herangehensweisen an den Film notwendigerweise mit sich. Bringt man die kommunikative Bedeutung des Films als eigenständigen Wert unabhängig von der Dramaturgie mit ein, so entstehen schon dadurch mehrere Modelle:

„a. Modelle von der Aussage   b. Modelle vom Kommunikator
c. Modelle vom Medium   d. Modelle von Objekten (...)
e. Modelle vom Rezipienten   e. Modelle gesellschaftlicher Strukturen[138]"

Oftmals sind die Theorien, die schon durch diese Einteilung in Bereiche eine fachliche Beengung erfuhren, noch in einem deduktiven Wissenschaftsbegriff[139] gefangen und müssen ständig von der Hypothese zur Verifizierung schreiten, was natürlich manche Sachverhalte viel zu umständlich erfaßt. Die überwiegende Filmanalyseliteratur bezieht ihren Ursprung aus der Verwandtschaft mit der Literaturwissenschaft und ist dementsprechend hermeneutischer Natur[140]. Die "werkimmanente Interpretation"[141] aber soll verhindert werden, man ist gerade um den gesellschaftlichen und produktionstechnischen Zusammenhang bemüht.

In der dramaturgischen Analyse dagegen werden die Strukturen des Werks genauer untersucht, dabei kann es um die kausale Verkettung gehen[142] oder um die Entschlüsselung von kausalgenetischen, stereotypen und perzeptiv geleiteten Strängen[143]. Die Rezipientenforschung aber bemüht sich stets nur um den sozialwissenschaftlichen und wahrnehmungspsychologischen Kontext[144] bestimmter Filme. Die Filmsprache besteht aber nicht aus den getrennten Elementen dieser Bereiche, sie ist alles gleichzeitig und müßte auch so gelesen werden.

---

[138] Wersig in Kuchenbuch, 11
[139] ebenda
[140] zur Hermeneutik s. Wuss, 26f
[141] Kuchenbuch, 10
[142] stellvertretend für alle Hegel, 523
[143] Wuss, 64
[144] Prokop, 11ff

Wäre das der (Ideal-)Fall, so würde man wahrnehmungspsychologisch-dramaturgische Konzepte erkennen, in denen die Strukturen sich nicht nur auf die Erkennung verdeckter Zeichen und Mechanismen beziehen, sondern zurückweisen auf die Bedeutungsebenen der ursprünglichen Konstruktion. Dann wären die Ergebnisse der Montageanalysen und narrativen Strukturen wieder zurückzubeziehen auf die Figurenverhältnisse. Man würde also über den Umweg einer Detailanalyse wieder zurückfinden zu der eigentlich klassischen Dramaturgie aus Figuren- und Fabelbezügen. Dies findet gerade im Bereich der Nebenfiguren oftmals nicht statt. Ebenso wie man die Montageanalyse fast ausschließlich benutzt, um die Stilistik des Regisseurs zu erforschen, benutzt man die Nebenfiguren (außerhalb einer Gegenspielerdramaturgie) in der Analyse allenfalls dazu, um bestimmte Gesellschaftsströmungen oder Bewegungen des Zeitgeists zu erfassen. Selten wird die Darstellung einer Nebenfigur einmal genau in der Montage untersucht und dann mit allen Zeichen des Films zurückbezogen auf die Geschichte und die Hauptfigur. Eine derartige Sichtweise entschlüsselt allerdings gerade die Strukturelemente in ihrer Funktion und in der Absicht, beim Rezipienten bestimmte kognitive Schlüsse und Gefühle auszulösen. In der Tat aber tut man sich noch immer schwer damit, in dieser vergleichenden Ebene einer Analyse zu denken.

Bei den Beispielen aus dem Theaterbereich ist bereits aufgezeigt worden, daß es sehr viele Möglichkeiten mit Nebenfiguren gibt. Im Film sind die Möglichkeiten wegen der direkten Einflußnahme auf die Wahrnehmung durch plötzliche Szenenwechsel und psychologische Montagen noch viel größer. Obwohl davon auch oftmals Gebrauch gemacht wird, gibt es keine theoretischen Reflektieren über dieses spezielle Thema. Statt dessen sollen die Nebenfiguren schematisch eingesetzt werden:

> "Jeder Protagonist ist von Nebenfiguren umgeben. Einige davon sind wichtiger als andere. Das sind die..., mit denen der Protagonist emotional verbunden ist. Um die Geschichte klar zu halten, sollte es von diesen Figuren nicht mehr als vier, maximal fünf geben. ...
>
> *Der 'Verbündete'... wird eingeführt, um dem Protagonisten die Möglichkeit zu geben, über... seine Gefühle zu sprechen.

*Die 'Geliebte' ...enthüllt die Seiten seiner Psyche, die ... nicht deutlich werden.

*Der 'Catalyst Character' zwingt den Protagonisten mit seinen Informationen oder Handlungen zur Entscheidung.

*Die 'thematische Figur' stellt oft einen weisen, übergeordneten Standpunkt ein. ...Oder sie nimmt einen skeptischen Standpunkt... ein.

*Die komische Figur erweitert die Geschichte um die Dimension Humor..."[145]

Das Denken, das hier vorrangig herrscht, ist das der alten geschlossenen Dramaturgie, in dem man jeglichen Sinn der Nebenfigur auf die Hauptfigur projizierte. Nebenfiguren bestehen unter Umständen aber auch in einer Aussage zum Rezipienten, sie sind - obwohl sie in ihrer Stellung zum Protagonisten neutral erscheinen - nach außen oftmals besonders sympathisch oder unsympathisch. Sie lösen unter Möglichkeit Affekte aus, ihre Verletzung psychischer oder physischer Art oder gar ihr Tod kann im Rezipienten im gleichen Maße Anteilnahme oder Wut auslösen wie es bei der Hauptfigur der Fall wäre. Emotionen, die, in welchem Bereich auch immer, durch die Nebenfigur beim Rezipienten ausgelöst werden oder nachweislich in der filmischen Gestaltung als affektsteigerndes Mittel angewandt wurden, werden von den gängigen Modellen der Filmanalyse kaum erfaßt.

In Zeitungsartikeln und Filmrezensionen trifft man aus solchen Gründen oftmals auf kritisch zu wertende Formulierungen, die dadurch entstehen, daß der Rezensent eine Struktur erkannte, sie aber nicht in den analytischen Kontext einreihen konnte. Dieser Makel macht sich auch in der Weise bemerkbar, daß man verwundert ist übervereinfachende Vergleiche zu Kunstgattungen, zu anderen Filmen, zu Literatur, Theater oder Musik, mit denen der Film in Wirklichkeit nicht sehr viel zu tun haben kann.

---

[145] Hant, 105f

3. Etablierte Funktionen von Komparsen/Kleindarstellern

Der Film hatte in seiner Funktion als Erlebniskontinuum den Raum des Theaters gesprengt, und neben der Möglichkeit der Detaildarstellung war es nun möglich, mit Totalen hintereinander beliebig viele Orte einzuführen:

> "Der Ort ist deshalb so wichtig für den Film, weil sich die Kamera an jeden beliebigen Ort auf der Erde begeben kann. Einer in Afrika spielenden Szene kann eine in Asien gedrehte folgen, oder eine Flugszene kann einer im Kohlebergwerk unter Tage gefilmten Szene vorausgehen."[146]

Um die Konventionen dieser Montagen zu verdeutlichen, kann man auf den frühen Satz des René Clair zurückgreifen, der besagt, daß "Film Bewegung sei". Die Montage von verschiedenen Orten ist nur dann bewegt und voller Leben, wenn sie auch Menschen darstellt. Über den Menschen kann unmittelbar erzählt werden, über einen Ort nur mittelbar. Sehen wir einen Pastor in der Robe in Großaufnahme, sagt uns die innere Wahrnehmung unerschütterlich, daß wir uns in einer Kirche befinden, noch bevor dies durch eine Raumtotale bestätigt wird. Dieser Mechanismus hat für den Film zur Folge, daß das riesige Raumpotential oft eine große Masse von Komparsen und Kleindarstellern nach sich zieht.

Im Monumentalfilm wird die Vorgabe, daß der Raum belebt sein soll, dann entgegen der sonstigen Subinformation von Hektik oder Sensation so überbetont, daß die dort auftretenden Massen als ein Merkmal dieses Genres funktionieren. Man unterschied den Begriff des Komparsen (theatergeschichtlich als stumme Rolle gleichsam eines Statisten definiert) von dem eines Kleindarstellers, der bei einem überwiegend einmaligen Auftritt auch in den Dialog eingebunden wird und darum nicht als ausschließlich stumme Rolle fungiert. Komparsen und Kleindarsteller wurden schnell in ihrer Wirksamkeit für die Szene erkannt, so daß die Regisseure dazu übergingen, ihnen (bewußt oder unbewußt) außer der Illustration des Raums zusätzliche Konnotationen anzuheften.

---

[146] Vale, 63

a) Die atmosphärische Figur

Die atmosphärische Figur führt den Ort ein, sie ist Bestandteil der Szene und beschreibt sie in ihrer Wirkung, die über das bildliche hinausgeht. Ihr Rhythmus und ihr Aussehen können stellvertretend für andere Menschen sein. Oftmals wird sie in Expositionen eingesetzt.

Beispiel: An einem Waldrand stehen eine Hand voll Blockhäuser. Es ist früher Morgen. Ein alter Mann nimmt, eine Kaffeetasse in der Hand, einen Packen Zeitungen auf und ruft leise seinen schwerfälligen Hund. Langsam beginnt er, die Zeitungen vor den Hütten, deren Schornsteine schon rauchen, auszulegen.

b) Das atmosphärische Kollektiv

Eine Gruppe von Statisten kann eine Einheit verdeutlichen. Im Monumentalfilm oder auch im Kriegs- oder Propagandafilm waren uniformierte Massen der häufig genutzte Weg, die Einheitlichkeit eines Landes oder einer politischen Richtung aufzuzeigen. Ausschlaggebend für eine solche Wirkung ist die Gleichartigkeit, mit der die Statisten gezeigt werden. Diese Gleichartigkeit funktioniert bildlich, durch musikalische Untermalung oder durch Bewegung. Sie funktioniert auch bei kleineren Gruppen, die unterschiedlich gekleidet sind, sofern sie sich nur gleichartig bewegen.

Beispiel: Auf einem Musikkonzert jubeln und winken zahlreiche junge Fans, die Buttons und Shirts mit dem Logo der Gruppe tragen, ihren Stars zu.

c) Kollektiv und individueller Kontrast

Mit einer Zwischenmontage auf ein Individuum, welches sich durch irgendein Merkmal oder eine Bewegung von der Gruppe unterscheidet, kann ein Kontrast gesetzt werden. Dieser Kontrast ist in unzähligen Möglichkeiten denkbar, wird aber um so wirksamer sein in Zusammenhängen, welche ein Kollektivverhalten nahelegen oder erzwingen.

Beispiel: Auf der Kundgebung einer Militärregierung jubeln Tausende dem Diktator zu. Nur eine Gruppe Frauen steht mit ernstem Gesichtsausdruck in der Menge.

d) Komischer Kontrast

Der komische Kontrast lebt von der Addition eines persönlichen Merkmals zur Szene. Er funktioniert nicht statisch, sondern in der Bewegung selbst.

Beispiel: In einer vernebelten Kneipe spielen zwielichtige Gestalten Glücksspiele um hohe Geldeinsätze. Plötzlich entdeckt man, daß inmitten dieser Gesellschaft eine zigarrenrauchende Nonne sitzt und im Spiel kräftig abräumt.

e) Entgegengesetzte Bewegung und Hindernis

Im Actiongenre ist diese Möglichkeit am weitesten verbreitet. Eine Figur steht einer anderen im Weg, der Fahrer eines Lieferwagens gerät zwischen die Fahrzeuge einer Verfolgungsjagd. Beliebt waren in dieser Funktion Figuren, die auch ihren Äußerlichkeiten nach nicht in die Atmosphäre der Szene passen.

Beispiel: Ein Killer will zur Liquidation eines Opfer in den 12. Stock eines Hochhauses hinauffahren. Er steht vor dem Lift, doch dieser ist voll besetzt mit einer Gruppe indischer Mönche. (z.B. *Blade Runner*, R: Ridley Scott, USA 1982: Krishna-Mönche bei Replikantenverfolgung I)

f) Psychologischer Kontrast im Konfliktbereich der Hauptfigur

Die (Haupt-)Figur wird aufgehalten oder läßt sich durch eine oder mehrere Personen aufhalten, die Personen in einem oder mehreren Merkmalen auffallend ähneln, mit denen die Figur im inneren oder äußeren Konflikt liegt.

Beispiel: In *Die Reifeprüfung* (R.: Mike Nichols, USA 1968) steht Ben im Generationskonflikt mit seinen Eltern, die ihn zum Vorzeigeknaben erzogen haben. Er führt ein leeres Leben, bis die viel ältere Mrs. Robinson ihm anbietet, ihn zu verführen. Im Hotel, wo er auf sie wartet, trifft er ständig auf ältere Menschen und gerät auf eine Familienparty, deren Gastgeber sich in derselben nichtssagenden Höflichkeit verhalten wie seine Eltern.

g) Kleindarsteller als Träger perzeptiver Leitungen

Unterschwellig können dem Zuschauer über weite Strecken des Films Botschaften vermittelt werden, die im Zusammenhang mit den (Haupt-)Figuren von Bedeutung sind.

Beispiel: In einem Film, der die Vereinsamung der Hauptfigur beschreibt, erlebt man am Rande der Szenen immer wieder besondere Arten von Freundlichkeit und Menschlichkeit wechselnder Personen untereinander, die ständig variieren und deshalb bewußt vom Zuschauer nicht wahrgenommen werden.

h) Kleindarsteller als Zeichen innerer Konflikte

Diese Variante wurde schon in I 4 c für das Theater behandelt. Dort war auf die plastische Darstellungsweise von Tennessee Williams verwiesen worden, der eine assoziative Motivverkettung zu Grunde lag. Im Film kann auch eine zweimalige Begegnung, die eine Klammer um das Problem setzt, zur Darstellung ausreichen.

Beispiel: In *Von Angesicht zu Angesicht* (R.: Ingmar Bergman, S 1975) erlebt eine überarbeitete Psychiaterin eine Begegnung mit einer schattenhaften blinden alten Frau, vor der sie sich anfangs fürchtet. In der über sie später hereinbrechenden Krise geht sie während eines Selbstmordversuchs mit Schlaftabletten im Traum durch Kindheitserlebnisse bis auf ihre Urängste zurück, die sie überwindet. Am Ende des Films trifft sie die alte blinde Frau wieder und geleitet sie über die Straße.

Die Varianten mit Statisten und Kleindarstellern zeigen die dem Film eigenartige Nähe zum Zufall und zu dokumentarischer Berichtform. Diese Nähe an sich hat jedoch nur einen minderwertigen Einfluß auf den Spielfilm, wenn ihr nicht eine Doppeldeutigkeit zugestanden wird, die in einem direkten Zusammenhang mit der Story und ihrer Umsetzung in der jeweiligen Szene steht.

4. Die Nebenfigur in Fabel, Zuschauerpsychologie und Rezension: Helen Ramirez in *High Noon*

a) Interpretationsversuche zu High Noon

In der Filmgeschichte hat es selten Filme gegeben, die so populär waren und gleichzeitig so viele unterschiedliche Meinungsbilder hervorriefen:

"Über keinen Western ist soviel und so Widersprüchliches gesagt worden. Er fordert zur Interpretation heraus..."[147]

Der Film, der 1952 auf dem Höhepunkt der Hollywoodkrise hergestellt wurde[148], deren Gründe in der Konkurrenz zum Fernsehen und in den Anti-Trust-Gesetzen der McCarthy Ära lagen, war keine aufwendige Produktion und hatte durch seine parabelhafte Wirkung dennoch einen durchschlagenden Erfolg. Die besondere konzeptionelle Idee der Gleichzeitigkeit von erzählter Zeit und Erzählzeit, jene 1:1 Lösung der Ereignisse, steigerte aus ihrer dokumentarischen Abfolge heraus den Effekt der Authentizität und Anwesenheit für den Zuschauer. Die Story von dem verlassenen Sheriff, der trotz aller Widerstände seine Aufgabe erfüllen muß und dafür sein Leben riskiert, obwohl er sein Amt bereits niedergelegt hatte, war jahrelang auch in den Fernsehwiederholungen von hohen Einschaltquoten gesegnet[149]. Selbst der englische Titel High Noon wurde durch diese Popularität zu einer festen deutschen Redewendung.[150]

Oftmals wurde versucht, den Erfolg des Films am Genre festzumachen, an der Urtümlichkeit und Freiheit des Westernhelden, die selbst auf Intellektuelle Faszination ausgeübt hätte[151]. Jedenfalls sei der Western der Prototyp der Traumfabrik[152]. Andere wiederum glaubten, daß der Western nur benutzt worden sei, um eine philosophische Aussage zu verpacken:

> "Wer diesen Film gesehen hat, der Elemente des Wildwestfilms aufgreift, um eine Handlung von tiefer menschlicher Bedeutsamkeit zu gestalten, der ist geneigt, die übrigen zweihundert Wildwestfilme zu vergessen, die seit Kriegsende nach Deutschland importiert wurden."[153]

Gerade bei diesen auf die Parabelwirkung bezogenen Aussagen gingen die Meinung oft in politische Dimensionen:

---

[147] Patalas, 197
[148] Linz, 49
[149] Linz, 79
[150] Linz, 17
[151] Kracauer II, 26f
[152] Linz, 27
[153] Krusche, 5

Einige sahen den Film als Allegorie zum Koreakrieg[154], wieder andere werteten ihn als eine Erklärung der Verachtung von Demokratie[155] oder als eine Beschwörung des McCarthyismus[156], andere behaupteten zum letzteren Punkt genau das Gegenteil.[157] Einige Schriften versuchten es dann mit der psychoanalytischen Deutung[158], wieder andere hoben hervor, daß gerade die Tatsache, daß Will Kane nicht mehr im Amt war, von Wichtigkeit sei:

> "So hebt sich der Aussteiger in High Noon als neuartige Lösung des Identitätskonflikts ab..."[159]

Trotz der Feststellung, daß Zinnemann althergebrachte Westernklischees wie das Zugmotiv benutzt habe, welches auch schon in der Urform *The Great Train Robbery* (1903) oder in *The Iron Horse* (1924) oder in *Union Pacific* (1939) wichtig gewesen sei, gibt man schließlich doch zu:

> "Das Erfolgsgeheimnis des Films, ... der noch immer die Straßen leerfegt, blieb freilich im Dunkeln.[160]"

Schließlich gab es einen Lösungsversuch, der auf das Innenleben des Helden Kane und seine Beziehung zu den beiden Frauenfiguren Amy Kane, geb. Fowler, und der Saloonbesitzerin Mrs. Helen Ramirez zielte:

> "Der Beziehungskonflikt des Helden zwischen dem blonden, unschuldigen Mädchen, das er heiraten wird (bzw. schon geheiratet hat, *der Verf.*), und der dunklen, sexuell erfahrenen Frau, mit der er ein Verhältnis hatte, eine Konstellation, die auch eine Unzahl anderer Western prägt, ist dem sentimentalen Roman entlehnt. .... Der Helden-Konflikt zwischen 'Fair Virgin' und 'Black Lady' .... , begegnet (uns, *der Verf.*) nicht nur im We-

---

[154] *Oldin* in French, 35
[155] Patalas, 197
[156] ebenda
[157] Seesslen II, Western, 100f
[158] z.B. Schein, 309ff
[159] Linz, 45
[160] Linz, 79

stern, sondern behauptet sich in der amerikanischen Fiktion generell bis heute."[161]

Um den Vergleich zur Literatur zu überprüfen, müßte man sich in die Begriffswelt des Filmmelodrams begeben. Die bereits genannte Dreierkonstellation gilt in diesem Zusammenhang auch als wichtige Grundkonstruktion des Genres und wird – meistens aus der vorherrschend weiblichen Sicht - als der Konflikt zwischen Held, Heldin und Schurke bezeichnet[162]. Indessen läßt sich aber die daraus entwickelbare Möglichkeit, *High Noon* sei ein als Western getarntes Melodram, nicht verifizieren. Kane steht nicht zwischen den beiden Frauen, es gibt keine Szene des Films, in der er etwa andeuten würde, daß er Amy wegen Helen wieder verlassen würde.

Primärer Konflikt von Will Kane ist über die ganze Strecke des Films seine Verantwortung als Sheriff, die ihn auch auf Grund einer persönlichen Vorgeschichte zum Kampf mit Frank Miller zwingt. Das Problem eines versteckten anderen Genres ist also nicht so einfach zu lösen. Trotzdem wurde *High Noon* als Superwestern bezeichnet, also als einen Film, der über sein Genre hinausverweist. Die Sequenz, in der Kane, kurz bevor der Mittagszug eintrifft, sein Testament schreibt, faßt scheinbar alle wichtigen Momente der Handlung zusammen und klagt vor allem alle Bewohner der Stadt an, die Kane im Stich gelassen haben. Dies ist sicherlich ein Erzählmuster, welches den allgemeinen Bezug der Parabel in den Verhältnissen des Einzelnen zur Gesellschaft thematisiert. Das Problem dieser Sichtweise steckt allerdings wieder in der Bezeichnung Superwestern, welche trotz der Parabelwirkung im Genre verbleibt. Aus diesem Grunde scheint es angebracht, zunächst die Elemente des Westerngenres in *High Noon* zu beleuchten.

b) *High Noon* aus der Sicht des Westerngenres

Aus dem Bezug zum Western heraus kann die Fabel von *High Noon* auf die Gegenspielersituation zwischen Will Kane und Frank Miller heraus zurückgedeutet werden:

---

[161] Linz, 33f
[162] Seesslen III, Melodram, 20

"Die Geschehnisse lassen sich auf folgende Kurzform bringen:

Die Handlung spielt um 1870 in Hadleyville. An einem Sonntagmorgen wird der (bereits entlassene, *der Verf.*) Sheriff des Dorfes, Will Kane, mit einer Quäkerin getraut. Während der Feier erhält Kane die Nachricht, daß der Gangster Frank Miller, den er vor fünf Jahren gefangengenommen hatte, frühzeitig aus dem Gefängnis entlassen wurde. Drei seiner ehemaligen Komplizen erwarten ihn bereits am Bahnhof, wo er mit dem 12 Uhr Zug eintreffen wird, um sich am Sheriff und am ganzen Dorf zu rächen. Die Freunde raten Kane, schleunigst wegzufahren. Er fährt wohl weg, um auf den Wunsch seiner Frau an einem Ort das Leben eines friedlichen Bürgers zu führen. Noch unterwegs kehrt er aber wieder um, da er sich auch als entlassener Sheriff verpflichtet fühlt, das Dorf vor den Gangstern zu schützen. Darauf verläßt ihn seine Frau, die als Quäkerin gegen jede Gewaltanwendung ist. Kane versucht nun, einige Männer zu mobilisieren, um Frank Miller am Bahnhof gebührend empfangen zu können. Aber seine ehemaligen Freunde lassen ihn alle im Stich, jeder findet eine Ausrede, um sich zu drücken. So steht er ganz allein da, als der Mittagszug mit Frank Miller eintrifft. Kane nimmt den ungleichen Kampf auf, und mit Hilfe seiner Frau, die ihm im letzten Moment doch noch beispringt, kann er die Gangster besiegen. Nun wollen ihm die Bürger danken, er aber wendet sich enttäuscht ab und verläßt Hadleyville endgültig."[163]

Diese Zusammenfassung liest sich wie eine Westernhandlung, von der man sich kaum vorstellen kann, daß sie einen Film von neunzig Minuten tragen könnte. Der Verfasser hat seine Worte ausschließlich im Westerngenre formuliert und dabei Modifikationen vorgenommen, die der Handlung nicht entsprechen. Kane kehrt z.B. nicht zurück, weil er das Dorf vor Miller beschützen will, sondern weil er die Ausweglosigkeit einer Flucht vor dem Banditen einsieht. Ebenso kommt auch Miller nicht zurück, um sich am ganzen Dorf zu rächen.

---

[163] *Feusi in* Kuchenbuch, 138

Der Hotelportier sagt in einer Szene, daß man ihm sogar Geld geboten hätte, damit das Geschäft in der Stadt wieder läuft, das durch Recht und Ordnung Kanes zum Stillstand gekommen ist. Ebenso erwartet der Betreiber des Ramirez-Saloons Miller, weil er sich ein gutes Geschäft durch den neuen Lebensstil erhofft. Von den inneren Konflikten Kanes, von seiner Vorgeschichte mit Helen, von den Auseinandersetzungen mit dem Deputy Harvey, die sich durch mehrere Szenen, insbesondere durch eine längere Schlägerei zwischen Harvey und Kane im Pferdestall, tragen, wird in dieser Zusammenfassung kein Wort erwähnt. Auch Amy, die Kane plötzlich doch hilft, tut dies scheinbar grundlos, ohne eine innere Entwicklung durchgemacht zu haben. Dennoch wurde der Anfang und das Ende richtig beschrieben, denn eine Intrige gegen Kanes Idee vom friedlichen Leben liegt wirklich vor, ebenso wie am Ende ein klassischer Showdown als Lösung der Verwicklung stattfindet. Die Mitte des Films mit all ihren Ausformungen und Figurenentwicklungen entspricht jedoch nicht der herkömmlichen Vorstellung der Westernklischees, die in den fünfziger Jahren aus der Geschichte des Genres heraus noch weithin unangetastet galten. Aus diesem Grund nannte man *High Noon* einen epischen Western[164]. Besser als diese Bezeichnung erscheint jedoch die Einordnung als "episch-dramatische Mischform mit Parabelwirkung".

c) Die Brechung der stereotypen Genrestruktur

Parabelwirkung und Elemente der dramatischen Mischform weisen darauf hin, daß das Genre zugunsten übergreifender Aussagen gebrochen wurde. Ein Blick auf die Mythologie des Westerns wird sich zunächst am Amt des Sheriffs, das Kane eigentlich wider Willen noch einen Tag ausübt, orientieren. Der Sheriff gehört als Westerner zu den letzten Helden der Frühindustrialisierung, er vereinigt alle Heldenmythen der Geschichte auf sich, weil er aus dem ursprünglichen Kontext der archaischen Landnahme und Zivilisieren abgeleitet wird[165]. Zugleich ist der Westerner, ob Sheriff, Bandit oder Cowboy, wenn er auch gelegentlich mit dem Rittertum in Zusammenhang gebracht wurde, ein Held ohne

---

[164] Linz, 20
[165] Seesslen II, 21

Standesbindung, ohne Führungsanspruch[166], kurzum ein ganz normaler durchschnittlicher Mensch, der seine Bedürfnisse nur freier, glanzvoller und gefährlicher geltend macht und auslebt. Er ist ein Individualist und schätzte (ursprünglich) den fairen Kampf, das Duell. Seine Motivation ist immer handlungsbezogen, er geht furchtlos auf seine Aufgaben zu und verrichtet sie gewissenhaft, um sich selbst in seinem Heldentum zu bestätigen. Obwohl er in Kräfte eingebunden wird, ist es ihm gleich, auf welcher Seite er kämpft, sofern er nur seinen eigenen Ehrenkodex in diesem Kampf unterbringen kann. Kane erfüllte ursprünglich alle diese Attribute, wird aber durch seine Heirat mit der Quäkerin in ein Leben versetzt, daß ein Westerner nicht führen kann. Er war bereit, diese Änderung hinzunehmen, doch das Duell mit Miller zieht ihn als jene stereotype Idee der "offenen Rechnung" unweigerlich und magisch in die Westernwelt zurück. Nun aber, in seinem entmachteten degradierten Zustand, stimmt das Umfeld nicht mehr, und wir erleben den persönlichen Abstieg eines Helden zum verlassenen Outsider, der im Gespräch mit Harvey zugab, Angst zu haben, vor einem vierzehnjährigen Jungen psychisch zusammenbricht und vor dem Duell sein Testament schreibt. Kane geht sogar in die Kirche (mit der ein Westerner zwangsweise wegen der Notwendigkeit der Bejahung von Gewalt nichts zu tun haben darf) und bittet dort um Hilfe, in der Tat wirkt dies mehr wie ein Social Drama[167] als wie eine Heldenhandlung. Auch der aussichtsloseste Kampf muß von dem Westerner ausgefochten werden. Selbst wenn Amy ihm zum Showdown verhilft, kann diese Lösung nicht den Forderungen des Genres entsprechen, denn die Frau hatte im Western (damals) nicht das Recht, die Rolle des Helden zu spielen, ihr ist ein anderes Spektrum zugeteilt. Als einzig vorteilhaft und glaubwürdig für Kanes Schwäche erscheint sein Zwischenstatus zwischen ausgedientem Westerner und pazifistischem Bürger, der von Gary Cooper und Grace Kelly in der Exposition überzeugend eingeführt wurde.

Der Gegentyp zum Westerner ist der schutzwürdige Bürger, der seinen Besitzstand sichert und statisch bewahrt, der seine Waffen längst abgelegt hat im Gegensatz zu dem Helden, der aus dem Kampf ums freie Land nicht mehr herausfand. Der Bürger wird von dem Westerner wegen seiner Feigheit vor der

---

[166] ebenda
[167] Linz, 96

gewaltvollen Auseinandersetzung in tiefster Seele verachtet, er muß ihn, sollte er seine Hilfe benötigen, zum Kampf überzeugen und dabei meistens auf den männlichen Heroismus des amerikanischen Siedlers in der frühen Landnahme Amerikas zurückverweisen. Kane erfüllt diese Vorgabe nicht, er hält keine Reden, er versucht nicht, jemanden zu überzeugen, er hat selbst für den Freund Verständnis, der sich von seiner Frau verleugnen läßt. Alles, was Kane zu der Feigheit der anderen sagt, ist der zunächst tiefsinnige, aber dann durch ständige Wiederholung stereotype Satz:

"Wenn du es nicht weißt, kann ich es dir auch nicht erklären."

Auch dieses Verhalten erscheint für einen Helden viel zu philosophisch, viel zu kompliziert. Die Einwohner von Hadleyville erfüllen ebenfalls nicht das stereotype Bild der ängstlichen frommen und gesetzestreuen Kleinbürger, das als Westernklischee bekannt wurde. Ihre Angst vor Frank Miller und dessen Chaos wird kaum thematisiert, im Gegenteil wollen hier die Bürger aus ungeklärten Gründen das Chaos gerade zurückkehren sehen. Die Bürger schrecken nicht davor zurück, ihren Sheriff zu opfern, sie verspotten ihn öffentlich und zimmern seinen Sarg bereits vor dem Tod (eine bekanntes Westernmotiv, hier aber auf eine autorisierte Amtsperson, die im Duell deutlich unterlegen ist, angewandt und somit unbegründet in die Gesetzlosigkeit verdreht). Sollen sie einen Beschluß fassen, wie in der Kirchendiskussion, ergehen sie sich in unsinnige langatmige Analysen der Situation und in gegenseitige Schuldzuweisungen, was den Western trotz allem Glauben an ihre Charakterschwäche verfremdet.

Am Bahnhof warten fast über den ganzen Verlauf des Films die Westerner der anderen Richtung: die Bande von Frank Miller. Ihr Ehrenkodex ist der freie Kampf, das Faustrecht, die Treue zur Gruppe. Auch sie verhalten sich nicht immer genretypisch. Als einer der Banditen im Saloon eine Flasche Whisky kauft, klopft ihm der unsympathische Barkeeper auf die Schulter und redet ihn an wie einen alten Freund, der sein Leben lang auf die Rückkehr der fröhlich trinkenden Banditen um Miller gewartet hat. Ein wirklicher Westerner und Outlaw müßte sich hier auf seine Gefährlichkeit berufen und den falschen Bürger abweisen, selbst wenn er auf dessen Seite steht. Doch der Bandit lacht sogar und antwortet freundlich und höflich auf die anheimelnden Worte. Diese Art von Verbrüderung entfaltet sich weniger im Western als in der Parabel.

Dagegen gibt es natürlich auch einige Strukturen, die den Genresinn erfüllen: Der Richter, der seine Sachen packt und verschwindet, weil er Millers Rache fürchtet. Der leere Stuhl, aus dem im Off Millers Stimme die Morddrohung an Kane richtet. Diese Elemente sind im Genre, sie verstärken die Angst vor dem Gegenspieler und lassen eine Handlungsdramatik erwarten, welche aber zunächst nicht eintritt. Einige andere Szenen stehen auf der Kippe, so z.B. der Ausspruch des alten Ex-Sheriffs, der die Hilfeleistung ablehnt, weil er Rheuma hat und deswegen glaubt, daß Kane erschossen würde, wenn er ständig daran denken würde, ihn zu beschützen. Derartige Zwischenlösungen sind für die Parabelwirkung der Story bedeutsam. Wo das Genre ganz aufgegeben wird (wie z.B. in der Kirchen-Diskussion), entwickelt sich die andere Bedeutungsebene direkt und ist zur Interpretation freigegeben. Diese Art des Umgangs mit dem Genre wird als Kennzeichen von Zinnemanns Gesamtwerks angeführt:

> "Nie ist Zinnemann den leichten Weg gegangen. Auch nicht in... High Noon. Wie die meisten seiner Filme profitieren sie von der dokumentarischen Annäherung an Milieu und Figuren. ... Es war Zinnemanns eigentliche Kunst, sich allgemein bekannter Situationen und Gestalten zu bedienen, deren filmübliches Gestaltungsbild er dann solange hinterfragte, bis das Gegenteil klischeehafter Hollywood-Dramatik herauskam. Das macht seine Filme bis auf den heutigen Tag interessant."[168]

d) Nebenstränge und stereotype Handlung im Genrebruch

Wird das Stereotyp des Genres gebrochen, muß etwas anderes an die Stelle der erwarteten Abläufe treten:

> "Chancen für neue Information und für Originalität des Gezeigten erwachsen vielmehr aus den Beziehungen von bestimmten Stereotypenstrukturen und ihrem Umfeld. Neuartige Stimuli ergeben sich etwa aus dem nun veränderten Verhältnis von konkreten Erzählstereotypen zu anderen Stereotypen, auch zu konzeptuell und perzeptiv geleiteten Strukturen. Da sind überraschende Kombinationen möglich, unübliche Wahrnehmungsstrategien, die sich erst mit der Chunk-Bildung herstellen. Ste-

---

[168] Everschor, 7

reotypen - auch solche des Erzählens – erfassen eine Komposition niemals total, sondern jeweils nur bestimmte Motive oder Beziehungsbündel."[169]

Wenn in der Literatur zu *High Noon* nicht klar deutlich werden kann, welche anderen Strukturen statt denen der Westernkonvention eingesetzt werden und man sich statt dessen die Parabelwirkung zunutze macht, um auf übergreifende Thesen auszuweichen, dann liegt es nahe, daß die Mitteilungen an den Rezipienten unterschwellig erfolgen und möglicherweise in der Wahrnehmungspsychologie zu finden sind. Fred Zinnemann hat sich gegenüber einigen Äußerungen seines Produzenten, der seine Postbearbeitung des Films für den Erfolg verantwortlich machte, gewehrt:

"Der Film ist das Ergebnis einer Teamarbeit. Das visuelle Konzept des Films stammt jedoch ausschließlich von mir.... niemand... kann für sich beanspruchen, irgendeinen Teil des Films kreiert zu haben."[170]

Die Betonung des visuellen Konzepts läßt darauf schließen, daß auch in den Sequenzen außerhalb der berühmten Zugankunftssequenz nach genauem Konzept gearbeitet wurde. Um so verwunderlicher wirkt dagegen die Meinung der Hauptdarstellerin Grace Kelly, von der man annehmen sollte, daß sie in einem so erfolgreichen Film auch erfolgreich in Szene gesetzt und fotografiert wurde:

"Als ich den Film sah, war ich außerordentlich enttäuscht von mir. Ich nahm die erste Maschine zurück nach New York und flehte Sandy Meisner an, mir wieder Schauspielunterricht zu geben."[171]

Zinnemann dagegen meint zu der Besetzung von Grace Kelly:

"Sie ist dann gekommen und hat auch sehr schön ausgesehen, war aber sehr zurückhaltend.... Grace war damals eigentlich noch nicht reif für eine Rolle, aber zum Glück entsprach ihr der Charakter dieses Mädchens, sie war sehr inhibited, sehr schüchtern." [172]

---

[169] Wuss, 149

[170] *Zinnemann in* Goldau, 68

[171] *Kelly in* Goldau, 68

[172] *Zinnemann in* Goldau, 31

Offensichtlich hat Zinnemann hier für seine Konzeption eine unerfahrene Schauspielerin für die weibliche Hauptrolle in Kauf genommen, um mehr Authentizität zu erreichen. Interessant dabei erscheint, daß er sich vor Drehbeginn dessen schon so sicher sein konnte. Analysiert man den Film nach den Gesichtspunkten der Länge von Einstellungen und dem Abbildungsmaßstab der Großaufnahmen, so fällt auf, daß weder Gary Cooper noch Grace Kelly die meisten und "größten" Einstellungen haben.

Filmisch am besten in Szene gesetzt wurde in diesem Punkt erstaunlicherweise Katy Jurado in der Rolle der Helen Ramirez. Helen aber wird in einer Zusammenfassung des Films, die wie in II 4 b auf die Ereignisse der "Western"-Handlung konzentriert ist, seltsamerweise nicht mit einem Wort erwähnt, obwohl sie in der Menge ihrer Auftritte Amy in nichts nachsteht. Das visuelle Konzept des Films hat also vermutlich einen Bezug zu der Figur Ramirez, der allerdings nicht so deutlich erzählt wurde, daß er in der Literatur Einschlag fand. Dieser Ansatz soll in der Figurendramaturgie im Zusammenhang mit der Erwartungshaltung des Rezipienten bezüglich der Stereotypenkonstruktion weiterverfolgt werden.

aa) Helen Ramirez in der Genrekonstruktion

Die Exposition von Helen Ramirez erfolgt bei der Flucht von Kane aus der Stadt. Die Kamera fährt über den Deputy Harvey hinweg und folgt sofort ihrer Bewegung. Im Gespräch mit Harvey fällt auf, daß sie der Kamera mehr zugewandt ist als ihr Gesprächspartner. Sie wird damit aufgewertet zu einer visuellen Leitfigur. Wenn sie, das Gespräch mit Harvey plötzlich ignorierend, aus dem Raum geht, bleibt die Kamera in ihrer Bewegung. Gleichzeitig wandelt sich die unterlegte Musik, die das Heldenthema von Kane spielte, zu einer leisen mexikanisch anmutenden Melodie. Diese Technik ist die der Variation des Leitthemas auf der zweiten auditiven Schicht,[173] sie erfolgt hier zwar sehr fein und unterschwellig, unterstreicht aber dennoch deutlich die Tatkraft und Energie der Mexikanerin. Im ersten Raum legte sie einen langen dunklen Ohrring an, der durch sein Schaukeln ihre stolzen Kopfbewegungen und ihre impulsive Emotionalität betont. Dies geschieht fast gleichzeitig mit dem Moment, in dem

---

[173] Rabenalt, 47f

sie innerlich Kanes Bedrohung durch die Banditen erkennt und ernst nimmt. Sie eilt in den Nebenraum zu Sam, um ihn von der Ankunft der Banditen zu unterrichten. Der nimmt sofort den Hut und verläßt den Raum. Damit endet die Szene. Für den Rezipienten stellt sie wahrnehmungspsychologisch ein Paradoxon dar. Helen glaubt zwar nicht, daß Kane flieht, aber sie geht zu Sam, der sofort etwas unternimmt, (aber damit nur meint, daß er sich mal umschauen will). Der räumliche Ablauf und das körperliche Spiel beschreiben also eine Rettungshandlung. Dagegen ist diese Rettungshandlung nur angedeutet und völlig unlogisch, weil Kane aus der Stadt gefahren ist.

Die Bewegung und das Musikthema geben Helen eine Exposition als zwiespältige Heldin, die unverzüglich, aber emotional und ins Leere handelt. Dennoch aber macht ihr Handeln sie zu einer genregemäßen Westernfigur, gerade die starke emotionale Ausstrahlung unterstreicht diesen Zug der Figur. Wenn kurz darauf Kane zurückkehrt, steht sie mit Harvey auf dem Balkon des Hotels, (wieder ist sie der Kamera zugewandt, Harvey dagegen nur seitlich zu sehen) und lacht über den Deputy, der den Sheriff für einen Feigling hielt. Hier beweist sie, daß sie die Seite des Westerners, der sich zum Duell gerufen fühlt, völlig versteht, was wieder das Genre bestätigt. Nach dem Bruch mit Amy trifft Kane auf den Richter, der aus der Stadt flieht. Er sagt, daß er eine ähnliche Situation schon einmal erlebte und "damals dem Tod nur durch den Zuspruch einer Dame entging, die darüber hinaus noch einen sehr zweifelhaften Ruf hatte". Auch dieser Ausspruch ist ein unterschwelliger Verweis auf Helens mögliche Rettungsfunktion für Kane, ebenso wie das Musikthema und die Irritation der ersten Szene mit Helen perzeptiv angelegt.

In der nächsten Szene fordert Helen den Deputy auf, Kane zur Seite zu stehen. In einer Schuß-Gegenschuß Einstellung ist Helens Einstellung des Portraits größer, sie wirkt damit überlegen, Harvey geht trotz Widerspruchs unverzüglich zu Kane. Der Rezipient gewinnt von Helen wieder den Eindruck einer starken Frau. Harvey aber will Kane mit seiner Hilfe nur erpressen und plaudert außerdem seine Beziehung zu Helen aus. Wenn Harvey anschließend Helen davon berichtet, kündigt sie ihm die Beziehung und wirft ihn aus dem Zimmer. Sam, der kurz darauf erscheint, fragt, ob er etwas für Kane tun soll, und Helen entgegnet nach kurzer Überlegung: "Nein". Statt dessen hat sie sich entschlossen, die Stadt zu verlassen, wohl wegen Harveys Anspielung kurz vorher, daß Miller sich an ihr rächen könnte. Immer noch aber handelt Helen genregemäß, ihre Bewegungen scheinen völlig vom Gegenspiel zwischen Miller und Kane beeinflußt zu sein.

In der folgenden Szene verkauft Helen den Saloon an Mr. Weaver. Auch hier wird Helen durch eine leichte Aufsicht in der Kamera gegen Weaver aufgewertet. Bevor sie allerdings die Stadt verläßt, sucht Kane sie auf. In dieser Szene ertönt das Helen-Musikmotiv wieder, die Großaufnahme Helens hat den größten Abbildungsmaßstab des Films bis zu dieser Szene. Katy Jurado spielt von Gary Cooper abgewandt und zum Publikum hin ihre Mischung aus Zuneigung, Unsicherheit und Stolz. Sie war in einer Großaufnahme und lief dann sogar nochmals von der Zweier-Einstellung in die Großaufnahme hinein. Von der psychologischen Szenenatmosphäre her aber verliert sie trotz der angewandten Mittel gegen Kane und fällt auf eine hilflose zärtliche Geste zurück, wenn er den Raum verläßt. Beide warnen sich in dieser Szene vor Frank Miller, aber Helens Stärke zerbricht, und damit verläßt sie den durch perzeptive Gestaltung gesetzten Weg der Westernheldin im Sinne eines Handlungspotentials gegen Miller.

Die nächste Szene mit Harvey dient wieder der Beziehungsebene zwischen beiden. Helen verhält sich zwar nach wie vor genregemäß, aber ihr Anliegen ist die Flucht aus der Stadt. Sie bleibt die heißblütige Mexikanerin, aber ihr Temperament beendet das Verhältnis zu Harvey, sie verteidigt sich gegen ihn mit einer Ohrfeige, mit der Haupthandlung und Kanes voraussichtlichem Tod hat sie jedoch abgeschlossen. Der nächste Auftritt Helens erfolgt durch einen Besuch von Amy, die glaubt, daß Kane wegen Helen in Hadleyville bleibt. Helen verneint dies und gibt ihre zunächst stolze und abweisende Haltung gegenüber Amy auf. Auf die Frage, was Kane hier hält, antwortet sie mit dem selben Satz, den Kane aussprach: "Wenn Sie es nicht wissen, werde ich es Ihnen kaum erklären können." Helens Fairneß gegenüber Amy spielt sich noch im Genre ab, sie bleibt eine Frau, die den Westerner versteht, auch wenn sie ihn verlassen muß, um sich nicht selbst zu gefährden.

Die folgende Szene enthält ebenfalls einen Dialog zwischen Amy und Helen. Helen wirft Amy in provokanter Weise vor, daß sie Kane im Stich läßt. Sie fordert sie zum Kampf mit der Waffe auf und beteuert, daß sie selbst kämpfen würde, wenn sie mit Kane verheiratet wäre. Beide Frauen sind das nächste Mal in der Zugsequenz zu sehen. Dort bestätigt sich Zinnemanns Montagekonzept. Während der Abfolge der verschiedenen bewegungslosen Bilder zeigt sich, daß Amys Großaufnahme nun größer abgebildet ist als die von Helen, ja größer sogar als die Aufnahme von Kane. Im Zentrum der Spannung, beim Ertönen des Eisenbahntutens, steht Amys Großaufnahme ebenfalls im Zentrum des Bildablaufs, dazu dreht sie den Kopf in einer eindringlichen Bewegung. Mit der Addition der Zeichen Zug, Bewegung (von Helen) und der Bedeutung der Großaufnahmen wird hier der Drehpunkt von Amy angedeutet und dazu ihr Sieg über die Westernlady Helen, deren Aktionen immer mehr zurückgedrängt werden. Filmisch gesehen ist dieser Moment im Sinne der Semiotik ein Superzeichen[174], denn die Qualität von der Bewegung vorher, von den Großaufnahmen vorher sind "mitgemeint". Das Zeichen des akustischen Reizes wiederholt sich später für Amy, wenn sie nach dem ersten Schuß des Gefechts aufspringt, um Kane zu helfen. Diese Wandlung zwischen den beiden Frauen zeigt sich auch in der nächsten Einstellung. Dort fahren Amy und Helen langsam mit dem Wagen an Kane vorbei, aber während Amy die Fassung bewahrt und einen gewissen Stolz ausdrückt, schaut Helen Kane langsam und schwach hinterher, eine Verhaltensweise, die sich mit den vorherigen Klischees der stolzen Mexikanerin nicht verträgt. Diese kleine Szene steht auf der Grenze zum sentimentalen Genre.

In der letzten Szene trifft Helen auf Miller, den sie mit einer Mischung von Stolz und Unsicherheit ansieht, woraufhin er nicht reagiert. Wenn Amy nun zu Kane läuft, um ihm beizustehen, wird Helen, die zuerst zögert und dann doch im Zug bleibt, wieder zur Verliererin. Die Unsicherheit beim Kampf, den sie vorher beschwor, ist zwar aus ihrer Geschichte heraus verständlich, bringt sie aber in Differenz zur eigenen Westernpersönlichkeit, weil sich ihre Leidenschaft am Ende nur noch zum Stolz einer verzweifelten Selbstbehauptung wandelt. Dennoch bleibt Helen Ramirez die einzige Figur des Films, die sich über die ganze Handlung hinweg zu der Mythologie des Westerns bekannte. Ohne die Dialoge zwischen Helen und Amy wäre ein Eingriff Amys in den Kampf nicht erfolgt. So hat Helen Ramirez einen entscheidenden Anteil an der zwei-

---

[174] Wuss, 139

felhaften Genrelösung der kämpfenden Quäkerin. Weil sie aber nicht wirklich in die Handlung eingriff, wird ihre Leistung in dieser Hinsicht von dem Drehpunkt Amys, der sich der Zeichen Helens bedient, wahrnehmungstechnisch "ausgebeutet".

bb) Interlineare beziehungsdramatische Bewegungen

Unter den beziehungsdramatischen Bewegungen sollen die Bereiche erfaßt werden, die entgegen dem Westerngenre eine stereotypengeleitete Struktur mit epischer Ausformung beschreiben. Der Begriff Melodram wird hier als Oberbegriff vermieden, weil sich die Andeutungen eines Melodrams, obwohl sie deutlich in Dreieckskonstellationen gesetzt sind, nicht in einer Form bewahrheiten, die den Begriff rechtfertigen würde. Die beziehungsdramatischen Bewegungen umschließen alle epischen Strukturen, die Beziehungen behandeln, also Melodram, Psychodrama, Beziehungsdrama u.ä..

Der dokumentarische Aspekt von *High Noon* umfaßt viele in der Vergangenheit liegende Geschehnisse, die angesichts des Eintreffens von Frank Miller wichtig werden. Insofern erfüllt die Dramaturgie des Films einige Vorgaben, die aus dem analytischen Drama bekannt sind. Der Unterschied zu einem wirklichen analytischen Drama besteht allerdings darin, daß die Figur eines Ermittlers oder eines bezeichneten Ziels fehlt. Deshalb bleibt der wirkliche Ablauf offen, vieles unterliegt der Beurteilung des Rezipienten und seiner spekulativen Intuition.

Folgt man der Filmhandlung chronologisch, so werden die beziehungsdramatischen Bewegungen in perzeptiver Leitung schon früh gesetzt, bleiben aber im Hintergrund des Geschehens, das noch vom Westerngenre bestimmt ist. Dies ändert sich in dem Moment, in dem eine Westernhandlung aus beziehungsdramatischen Gründen nicht mehr stattfindet. In *High Noon* ist dieser Wendepunkt in der Szene zwischen Kane und Harvey, in der der Deputy die Hilfe aus Geltungsgier verweigert und Kane Eifersucht auf seine Beziehung mit Helen vorwirft.

aaa) Die Konstellation Harvey-Helen-Kane

Der Deputy Harvey, seinem Amt nach ein Westerner, wird im Zusammenhang mit Helen exponiert als ein ihrer Intuition unterlegener junger Mann, der im

Konflikt mit seinem Ex-Vorgesetzten Kane steht. Die Beziehung zu Helen erweist sich wegen seiner Unerfahrenheit und wahrscheinlich wegen Helens Vorgeschichte als nicht sehr glücklich. Helen stellt jede seiner Schwächen heraus und entlarvt ständig seine Fehler. Wenn er sie zum Abschied küssen will, dreht sie den Kopf weg. Auch Sam und der Hotelportier mustern Harvey mit verächtlichem Blick und halten ihn offensichtlich für den typischen Angeber, dem die Qualitäten eines Westerners fehlen. Darum glaubt Harvey, sich vor Helen beweisen zu müssen, indem er Kanes Amt übernehmen will. Helen allerdings empfindet seine Geltungssucht als Makel und beendet die Beziehung, als sie erfährt, daß Harvey Kane von dem Verhältnis mit Helen erzählt hat. Einerseits ist Helens Intuition gegenüber Harveys Charakterschwächen richtig, andererseits fragt man sich, warum sie eine Beziehung mit Harvey einging, wenn diese Beziehung in der Öffentlichkeit und vor Kane keinen Bestand hat. Dies widerspricht ihrer Erfahrung und legt die Spekulation nahe, daß sie es über Harvey gerade auf einen Konflikt mit Kane, den sie seit Beendung ihrer Partnerschaft nicht mehr gesprochen hat, anlegte. Harveys Anschuldigung der Eifersucht Kanes kann ebenfalls weder bestätigt noch verifiziert werden. In dem Dreiecksverhältnis der Figuren ist Harvey der Verlierer, Helen wirft ihn heraus und schlägt ihn sogar, als er ihr einen Kuß abringen will. Harveys Gebaren als Westerner werden als Fassade enttarnt, er erscheint als eine Gegenkonstruktion von Kane und vereint die negativen Eigenschaften eines zwischen Bürgertum und Heldenmythologie gespaltenen Westerners, während dem Sheriff die positive Seite vorbehalten blieb. Das Einbringen der Beziehungswelten weist über das Genre hinaus, allerdings handelt es sich nicht um einen klassischen Dreieckskonflikt im Sinne des Melodrams, weil die Figurenverhältnisse nicht melodramatisch sind. Kane weigert sich schon früh, mit Harvey auf der Dreiecksebene um Helen zu kämpfen. Die späteren Aktionen Harveys entspringen seinen Minderwertigkeitsgefühlen als Westerner und haben keinen Bezug zu Helen. Helens Aufforderung an Harvey, Kane beizustehen, kann nur wegen der Beziehungsebene die mögliche Deutung hervorrufen, sie sei um Kane mehr besorgt als um Harvey.

bbb) Konstellation Frank-Helen-Kane

Die Trennung von Harvey machte Helen klar, daß sie weder auf ihn noch auf Kane zählen kann, wenn die Wiederkehr von Frank Miller auch Rache gegen sie bedeuten sollte. Über die Beziehung zu Frank erfährt man fast nichts, aber die Gründe Franks, Kane ermorden zu wollen, liegen zweifellos auch im emotionalen Bereich. Diese Grundidee der Rache des Banditen erfüllt eine Doppelfunktion, die, je mehr der Western zum Stillstand kommt, hervorsticht. Die Frage, ob Helen Kane beschützen würde oder ob Kane Helen beschützen würde, weist zurück auf ihre Beziehung und darauf, ob Kane Helen noch liebt oder umgekehrt. Deutungen sind hier möglich, auch im Hinblick auf das Genre wird im Rezipienten sicherlich öfter die Möglichkeit erregt, daß die Zusammenführung von Helen und Will alle Probleme lösen könne. Doch diese Variante hat keinen rationalen Bezug zum Genre, sie entsteht mehr wegen des Zwangs, die Personen und ihre Verhältnisse in der ausgehebelten Westernwelt einordnen zu wollen. Die Hotelzimmerszene, in der Kane im psychologischen Verhältnis über Helen steht, kann bedeuten, daß Helen ihn noch liebt, könnte aber auch meinen, daß ihre Trennung nicht ohne Restprobleme vollzogen wurde. Sie könnte außerdem meinen, daß Kane überhaupt die einzige Figur im Film ist, vor der sie Respekt hat. Tragisch erscheint für beide noch immer ihre Zuneigung, die keine Zukunft haben kann und sie dennoch in vielen genrebedingten Punkten vereint. Helen muß deshalb aus Hadleyville weggehen, weil sie, egal wie der Kampf zwischen Miller und Kane ausgeht, in dieser Stadt keine Zukunft (und keine neue Beziehung zu einem Westerner) finden kann. Emotional gesehen sind beide stillschweigend davon überzeugt, daß sie sich aus dem Weg gehen müssen, wenn sie ein eigenes Leben führen wollen. Trotz aller Vielschichtigkeiten wird das Verhältnis auch hier nicht melodramatisch, weil kein echter Dreieckskonflikt entsteht. Helens Unsicherheit, die der Zuschauer im vom Westerner abgewandten Spiel erkennen kann, zeigt sich in ihrem Verhalten gegenüber Kane genauso wie in der Szene mit Miller. Diese Unsicherheit hat ebenso einen abwehrenden Zug wie eine Hingabe und wurde von Katy Jurado glänzend gespielt. Helen Ramirez wird vor einem echten Westerner im wahrsten Sinne des Wortes "schwach", aber weder Kane noch Miller erheben einen Anspruch auf sie.

ccc) Konstellation Amy-Helen-Kane

Sobald Kane das Hotelzimmer von Helen verlassen hat, taucht Amy dort auf, weil sie glaubt, daß Helen Kane beeinflußt hätte, in Hadleyville zu bleiben (als für Amy typisch erscheint ihre Distanz von der Vorgeschichte Kanes, über die sie von mehreren Figuren erst am Tage ihrer Hochzeit aufgeklärt wird). Helen will zunächst kein Gespräch über ihre emotionale Verbindung zu Kane führen, gibt dann aber nach und erklärt überzeugend, daß sie ihn bis dato ein Jahr lang nicht gesehen hätte. Die Zusammenführung der beiden gegensätzlichen Frauen ist nach den Ereignissen vorher eine Besonderheit, die aus sich selbst heraus auf eine übergeordnete Ebene verweist. Ebenso, wie Helens Besorgnis um Kane mehr ausdrückt als nur diese Besorgnis, bedeutet die Zusammenführung der Frauen eine Vereinigung der beiden unterschiedlichen Naturen, die im Inneren Kanes arbeiten. Kane, der auf sein Inneres jedoch keine Rücksicht nimmt und bis zur eigenen Verzweiflung standhaft bleibt, darf als Westerner keine Auskunft über seine Beweggründe geben. Die beiden Frauen, schwarz und weiß gekleidet, repräsentieren die unterschiedlichen Lebensstile, die der Sheriff im Inneren spürt (auch bildlich in seiner Kleidung aus weißem Hemd und schwarzer Weste ausgedrückt). In den beiden Dialogen der Frauen geht es ausschließlich um ihre Lebenseinstellung. Helen versteht Amys Entscheidung zur Gewaltlosigkeit, kann sie aber nicht gut heißen. Obwohl Helen mit Hadleyville abgeschlossen hatte, sagt sie, daß sie für Kane kämpfen würde und fordert Amy dadurch heraus. Im Gespräch wird die Beziehungsebene zur Legitimierung des Kampfs einer Frau im Western erhoben und somit in einen Genrebezug erweitert. Die Sequenz, in der die Frauen mit dem Wagen an Kane vorbeifahren, bildet seine Situation auf einer anderen Ebene ab. Helen, die zurückblickt, sieht Kanes Vergangenheit und gründet ihre Emotionen auf Erinnerungen und Abschied. Amy dagegen steuert die Pferde, was ihr Potential im Genre andeutet und blickt nach vorne in die Zukunft. Kane, der klein in einer Totale zurück bleibt, steht in der Stagnation seiner Krise zwischen Vergangenheit und Zukunft und bleibt sich selbst überlassen. Auch hier handelt es sich nicht um eine melodramatische Konstruktion, weil es keine wirkliche Entscheidung zwischen den Frauen geben kann und weil die Frauen untereinander nicht rivalisieren. Beide Frauen vertreten Werte, die vom Film positiv gezeichnet wurden. Die besondere Situation in der Stadt macht die Frauen aber zu Außenseitern, Amy als Quäkerin vor dem vermeintlichen Anbruch einer Gewalt- und Chaosepoche, Mrs. Ramirez als Mexikanerin, die in der bigotten Umwelt wegen ihrer vielen Männerbeziehungen im Ehebruch verachtet wird. Dies paßt gut in die Konstruktion, denn alle Personen, die für Kane eintreten, sind Außenseiter in einer schlechten Gesellschaft: Amy, Helen, ein halbblinder Alkoholiker und ein vierzehnjähriger Junge, den Kane rügte, weil er nicht in die Kirche ging.

cc) Die Addition der Dreiecke

Helens Einbindung in die Beziehungen, deren Dynamik die Handlung bestimmen, entwickelt sich über die beschreibenden Dreiecke chronologisch hinfort. Weil dem Rezipienten über mehrere Strukturen hin ihre Bedeutung wiederholt erzählt wird, erhält er den Eindruck, daß sie in einem besonderen mysteriösen Bezug zu Kane steht. In alle Dreieckskonstellationen wirkt die Beziehung Kane-Helen unterschwellig mit hinein, sie sind immer beteiligt, egal ob Harvey in der Konstellation Sympathien verliert oder Amy Stärke und Charisma gewinnt. Auch hier ist das Ganze mehr als die Summe seiner Einzelteile, deshalb wird die Tatsache, daß Helen als Projektionsfigur von Tatkraft und Emotion Hadleyville und Kane verläßt, vom Rezipienten wohl zwiespältig empfunden. Helen, die alle Probleme durchschaut und von sich selbst sagt, "daß sie allein auf der Welt" sei, leidet jedoch nicht unter ihren Entscheidungen oder unter den Gefühlen, die sie ständig zu verbergen versucht. Darum kommt auch so kein echter melodramatischer Zug in die Geschichte, obwohl man sicherlich mit Recht sagen kann, daß die angewandten Mittel auf dem emotionalen Bereich denen des Melodrams kaum nachstehen.

e) Zusammenfassung

Die Rolle der Helen Ramirez in *High Noon* ist eine der interessantesten und wichtigsten Rollen für eine Nebenfigur in der Filmgeschichte. Die Aufgaben der Figur beziehen sich auf alle Bereiche der Dramaturgie, über sie wird sowohl die "Rettung" des Genres eingeleitet als auch der Bereich der verschiedenen Beziehungsstrukturen, an denen sie immer beteiligt ist. Desweiteren laufen die spärlichen Informationen der Vorgeschichte ausschließlich über Helen oder erhalten durch sie eine zweite Bedeutungsebene. Obwohl sie in die Bereiche der Beziehungsdramatik hineinwirkt, bleibt sie eine echte Westernfigur und verkörpert den Typ der Black Lady, der leidenschaftlichen dunklen Frau in einer Außenseiterrolle. Schauspielführung und Inszenierung von Helen Ramirez haben im Regiekonzept von Fred Zinnemann einen übergeordneten Rang. Die Wahrnehmungsstrukturen des Films verdecken ihre Bedeutung wegen der letztlich doch fehlenden Einbindung in die Handlung der Gegenspielerdramaturgie zwischen Frank und Kane und wegen Amys Aktivitäten im Showdown des Films. In einem Film, der eine besondere Zwischenstellung zwischen dramatischen und epischen Strukturen einnimmt, kann eine Figur wie die der Helen Ramirez die Funktion einer narrativen Leitfigur übernehmen, die durch die Genrebrechung über bekannte Dreiecksbeziehungsmuster zum Genre zurückführt.

5. Wahrnehmung und künstliche Identifikation: C'era una volta il west

Sergio Leones Film *C'era una volta il west*, der nach erstem Mißerfolg[175] unter dem reißerischen Titel *Spiel mir das Lied vom Tod* in die Kinos kam, gehört ebenfalls zur Westerngattung, soll hier aber wegen seiner ausgefallenen Dramaturgie und den wahrnehmungspsychologischen Mitteln, die im Zusammenhang mit der Nebenfigur Timmy angewandt wurden, untersucht werden.

a) Episodische Fabel mit Retrospektivenkonstruktion

Der Originaltitel *C'era una volta il west (= Once upon a time in the west)* verweist in seiner märchenhaften Formulierung bereits auf epische Strukturen. Die Story ist in epische und dramatische Episoden gegliedert, die überwiegend geschlossen, aber nicht kausal verknüpft sind. Das Geschehen baut zwar auf vorherige Handlungen auf, entwickelt sich aber ständig in andere Richtungen als erwartet, weil die Motivationen der Figuren und ihre Verhältnisse lange undeutlich bleiben. Die Atmosphäre in den Sequenzen ist ebenfalls ständigen Umschwüngen unterworfen, die in Ironie, Suspense und Surprise oder Genrepersiflage münden.

---

[175] Richter, Sächsische Zeitung v. 6. 7. 1995

Inhalt: Obwohl die Exposition die Gegenspielerdramaturgie zwischen dem namenlosen Rächer "Harmonika" (Charles Bronson) und dem Killer Frank (Henry Fonda) andeutet, verlegt sich die Geschichte kurz darauf in die Auseinandersetzung zwischen Jill (Claudia Cardinale), der Witwe eines Iren, der mitsamt seiner Familie von Frank ermordet wurde, und der Eisenbahngesellschaft unter der Führung von Morton (Gabriele Ferzetti). Harmonika, der plötzliche und unerwartete Hilfe von dem Outlaw Cheyenne (Jason Robards jr.) bekommt, greift immer mehr in diesen Konflikt ein und trifft mehrmals auf Frank. Dieser fühlt sich von ihm provoziert und will ihm zum Kampf fordern, der durch die Ereignisse jedoch immer wieder aufgeschoben wird. In Retrospektiven erscheint vor Harmonikas geistigem Auge immer wieder ein Mann, der sich als jüngerer Frank entpuppt. Schließlich erst, nachdem Morton ausgeschaltet und Jill sicher die Idee ihres verstorbenen Mannes zur Betreibung einer Bahnstation umsetzten kann, fordert Frank den Unbekannten zum Duell. Dort klärt sich die Vorgeschichte Harmonikas und Franks in einer längeren Retrospektive. Harmonika übt Rache an Frank, der ihn einst als Jugendlichen zur Tötung eines wehrlosen Verwandten gegen seinen Willen benutzte, und erschießt ihn.

Obwohl der Film zur Unterhaltung dient, fällt es manchmal schwer, dem Ablauf zu folgen, was durch das Mysterium der Herkunft Harmonikas und durch seine (auf den ersten Blick widersprüchlichen) Handlungen noch verstärkt wird. Trotzdem wird der Rezipient magisch in das Duell zwischen Frank und Harmonika hineingezogen und genießt die langen Einstellungen der beiden Gegner :

"Sergio Leone zerdehnt die Sekunden vor dem Schußwechsel zu einem bravourös montierten Kampf auf Leben und Tod, das Warten auf die endgültige Entscheidung wird zur "Qual". Die finalen Schüsse vollziehen dabei nur, was die Blicke zuvor ausgedrückt haben."[176]

Der Showdown, der auch in anderen Erzählstrukturen und Genres mittlerweile als wirksames Ende Beifall fand, stammt ursprünglich aus dem Western und ist

---

[176] Zurhorst, Rheinischer Merkur v. 15. 1. 1988

mit seiner Mythologie fest verbunden. *C'era una volta il west* allerdings gehört nicht zu der Art von Western, in der sich auf die beiden Gegner bestimmte Ideale festmachen lassen. Beide, Harmonika und Frank, sind in ihrer Art in erster Linie Kämpfer und Outlaws, also muß ihr Kampf ein rein persönlicher sein. Frank wird freilich als Killer negativer dargestellt, als "Böser" hat er auch nicht den freien Status des Mysteriums Harmonika, der zusätzlich eine Aufwertung durch die Sympathie Jills erhält. Da das Duell keine übergeordnete Ebene enthält außer der Lösung des Rätsels, warum Harmonika an Frank Rache übt, wirkt es verwunderlich, daß nur die Langsamkeit der Abbildung und das Herauszögern der Schüsse auf den Zuschauer einen solch starken Eindruck ausüben soll. Immerhin sind Rächergeschichten nichts neues gewesen, und die Struktur des Films steht dem Unterhaltungswert einer Gegenspielerdramaturgie oftmals im Weg. Doch auch Leone wurde nachgesagt, daß er diesen Film mit äußerster professioneller Sorgsamkeit und mit zähem Perfektionsstreben gedreht habe[177]. An Buch und Story arbeiteten mehrere Autoren mit, darunter eine Größe des italienischen Films wie Bernado Bertolucci[178]. An der Kamera stand Tonino Delli Calli, der durch seine Arbeit mit Pier Paolo Pasolini schon große Anerkennung gefunden hatte[179]. Durch die berühmte Musik von Ennio Morricone kam der Film überhaupt erst im zweiten Anlauf mit Erfolg in die Kinos zurück[180]. All dies läßt darauf schließen, daß die besondere Wirkung auf den Zuschauer weniger eine Frage des Inhalts der Story als eine der filmdramaturgischen Mittel ist.

b) Filmdramaturgische Mittel im Überblick

Die berühmt gewordene langsame Exposition des Films am einsamen Bahnhof in verlassener Wüstengegend wurde vielerorts als Innovation des Westerns bezeichnet.[181] Die Einführung in die Handlung, jener Stillstand der Zeit, war jedoch auch dazu genutzt worden, das Interesse des Zuschauers durch bestimmte Darstellungsweisen und Irritationen auf eine Art des Erzählens festzu-

---

[177] Schütt, Junge Welt v. 31. 7. 1981
[178] Lexikon Int.-Film, (CD-Rom)
[179] Schütt, Junge Welt v. 31. 7. 1981
[180] Richter, Sächsische Zeitung v. 6. 7. 1995
[181] Gehler, Sonntag (Berlin), v. 16. 8. 1981

legen, die für den späteren Verlauf und für die Wahrnehmungspsychologie von großer Bedeutung waren.

aa) Montage und Erzählperspektive (1. Sequenz)

Die Kameraeinstellung zu Beginn der Szene setzt die konventionelle Regel außer Kraft, nach der eine Erzählform entweder über eine Totale des Orts oder über eine Figur exponiert wird. Man sieht in der Halbtotale eine Tür im schattigen Raum, die sich quietschend öffnet. Erst danach erkennt man den alten Bahnhofswärter, der mit einem Stück Kreide Abfahrtszeiten auf eine Tafel schreibt. Die Fahrt von den Füßen zum Gesicht des Eintretenden verlangsamt und verfremdet die Vorstellung von einer Subjektive des Bahnhofswärters. Dennoch scheint er die Figur zu sein, über die erzählt wird. Es folgt die langsame Raumtotale, in der die beiden übrigen Banditen den schlecht und unterschiedlich beleuchteten Raum betreten. Das Gespräch zwischen Bahnhofswärter und erstem Bandit verläuft in übernahen Einstellungen. In einem Bild sieht man einen Banditen in Großaufnahme einen Vogel im Käfig anzischen, den man später im Raum nicht wiederentdeckt. Wenn der Bahnhofswärter versucht, Fahrkarten zu verkaufen, erscheinen sie in der Hand des Banditen groß im Detail, aber kurz darauf, wenn er sie fallen läßt, fliegen sie im Wind in einer Halbtotale nach vorne, quasi auf den Rezipienten zu. Der Bandit nimmt den Wärter bei der Schulter (Großaufnahmen) und führt ihn zu einem kleinen Raum, dazwischen sieht man Großaufnahmen der anderen Banditen und einer Indianerin, die zuvor unauffällig im Schatten stand. Schließlich wird die Tür hinter dem Wärter in dessen Subjektive verschlossen mit einer weiteren Verfremdung: das Bild wird ganz schwarz.

Abgesehen von der Einführung in die Story wird hier wahrnehmungstechnisch folgendes vermittelt: Der Zuschauer mußte sich den Wärter als Leitfigur suchen, dieses Bild wurde trotz der Bedrohung verfremdet und durch Perspektivenwechsel und Totalen wieder aufgegeben, aber auch wieder bestätigt. Die Fahrkarten, die auf den Zuschauer zufliegen, vermitteln das Gefühl der Anwesenheit in der Tiefendimension dreidimensional. Die unvermittelten Großaufnahmen der im Raum zerstreut stehenden Personen erzeugen eine perspektivische Irritation. Trotz teilweiser Subjektive, (die durch die Unterlegenheit des Wärters thematisiert und verstärkt wird), wird kein Erzählstil vermittelt, statt dessen macht sich die Kamera über die Irritationen, die sie im Rezipienten bewirkte, lustig, indem sie ihn mit dem Wärter in der Kammer "einsperrt". Hier wird durch die Nähe zum Wärter in der Enge und Dunkelheit des kleinen Raums eine künstliche Identifikation mit diesem erzwungen. Die Lösung, den Wärter im Rest der Szene als Figur fallenzulassen, eröffnet der Kamera kurz darauf alle denkbaren Freiheiten: Totalen in Tiefenschärfe zeigen gleichzeitig das Groß des Banditen, während sie das äußere Areal der Bahnstation in der Wüste exponieren, Schwenks und Fahrten erzeugen immer wieder Unsicherheit über den Standort des Erzählers und die Örtlichkeiten der Szene. Fast unmögliche Entfernungen der Banditen werden in Schwenks zusammengezogen. Bei Ankunft des Zuges erlaubt sich die Kamera sogar, den Zug in großer Entfernung vom Bahnhof über sich hinwegfahren zu lassen. Raum und Zeit scheinen durch das Wirken der Banditen außer Kraft gesetzt zu sein.

Dies ändert sich mit dem Auftritt von Harmonika. Die Kamera nimmt durch zwei Einstellungen von vorn und hinten seine Perspektive überzeugend ein und läßt ihn im Dialog den größeren Abbildungsmaßstab. Damit hat die Szene zum Ende eine Figur erhalten, die nicht nur die Stimmung der Szene mitsamt den Banditen vernichtet, sondern die auch aus der Szene im wahrnehmungspsychologischen Zusammenhang überzeugend herausführt. Der Zuschauer glaubt nun endlich eine Figur gefunden zu haben, an der er sich perspektivisch orientieren kann. Dies und die ständigen späteren Bestätigungen der wahrnehmungspsychologischen Abhängigkeit (ganz deutlich in der Szene mit Cheyenne durch die Beleuchtung einer im Raum schwenkenden Lampe gelöst), erzeugt eine unwiderstehliche subtile Nähe zwischen Harmonika und Rezipient, die außerdem immer mit der aristotelischen Idee der Erkennung gekoppelt ist.

bb) Tondramaturgie

Der Ton in *C'era una volta il west* fällt durch sein durchgängiges Streben nach Authentizität auf. Bereits das Quietschen der Tür zu Anfang der Szene und das darauf folgende Quietschen der Kreide in der Hand des Bahnwärters unterstützen das irritative Moment der Störung durch die Banditen, das visuell gesetzt wurde. Obwohl die Informationen in der ersten Szene spärlich gesät sind, hat die visuelle Umsetzung einen sofortigen Suspense zur Folge, der sich aus der Gefährlichkeit der Banditen und der Unbefangenheit des unterlegenen Alten entwickelt, der glaubt, er könne ihnen mit Freundlichkeit Weisungen erteilen oder Fahrkarten verkaufen. Suspense entsteht durch die Gefährlichkeit einer Situation oder aber, falls diese nicht groß genug ist, aus der Anteilnahme der Gefahr für die Figur (Eigenaffekt).[182] Hier wird der Rezipient emotional in die Situation hineingezogen, weil er glaubt, der Wärter könnte sich in dieser bekannten Genresituation fehlverhalten, denn offensichtlich hat er die Gefährlichkeit der Männer in seinem Einsiedlerdasein verkannt. Die Spannung wird durch das Einsperren in der Kammer gleichzeitig auf den Höhepunkt getrieben und aufgelöst. Dazu wird ein weiteres Mittel der Tondramaturgie exponiert, welches im gesamten Film Anwendung findet. Das Geräusch der Tür wird tontechnisch verfremdet und verstärkt, außerdem wiederholt, als würde die Tür mehrmals zuschlagen. Der Effekt dieses Mittels liegt in der Überraschung und Irritation, die gleichzeitig mit dem schwarzen Bild noch eine schlimme Wendung befürchten lassen.

Das andere auffallende Mittel der ersten Sequenz ist der Off-Ton. Man hört ein quietschendes Geräusch, das natürlich das negative Gefühl von den Quietschgeräuschen der Tür und der Kreide weiterträgt. Der Rezipient mag dieses Geräusch deshalb auf emotionaler Ebene nicht, die Banditen dagegen, die gegen andere akustische Reize übersensibel reagieren, scheint es nicht zu stören. In der Mitte der Szene erkennt man erst, daß es von dem Windrad her stammt. Ist die Gefahr der Banditen nach der Schießerei beseitigt, hat auch das Windrad keine Funktion von unterschwelliger Spannung mehr. Am Ende der Sequenz dreht es sich im Wind als ein der Spannung entzeichnetes Element der vergehenden Zeit.

cc) Musikdramaturgie

Harmonika stellt sich, während der Zug abfährt, den schon abrückenden Banditen durch sein klagendes Harpthema vor. Obwohl es sich hier um Inzidenzmusik[183] handelt, bleibt der Umgang mit der Musik aus der Szene nicht im ganzen Film gleich. Mehrmals wird auch hier verfremdet oder durch orchestrale Arrangements übergangslos auf die zweite auditive Schicht geschaltet. In der

---

[182] *Hitchcock in* Truffaut, 63
[183] Rabenalt, 42f

ersten Sequenz spielt die Musik im Dialog dezent das Thema aus "As a judgement" (Morricone). In *C'era una volta il west* werden die Figuren Harmonika, Jill und Cheyenne durch ein festes Musikthema exponiert, das in verschiedenen Arrangements und in rhapsodischer Leitmotivtechnik[184] gespielt wird. Aus dieser Konstruktion mit Figurenbezug fällt ganz deutlich nur der Einsatz der Musik in der zweiten Sequenz heraus (s.u.).

Die Idee der Heldenmelodien in Westernfilmen stammt aus den deutschen Western der sechziger Jahre, die unter der Regie von Harald Reinl entstanden. Martin Böttcher komponierte für diese Filme Erkennungs- und Angriffsmelodien, die mit großer Orchesterbesetzung eingespielt wurden. Der "Sauerkrautwestern" hatte das Genre in naiver Form belebt und auf die Grundbedürfnisse der Heldentaten von Winnetou und Old Shatterhand zurückgebracht[185]. Während allerdings der deutsche Western im Sinne Karl Mays das Weltbild des unschlagbaren guten und allgegenwärtigen Helden beschwor, hatte Leone den Italowestern zu einer Glorifizierung des Outsiders gemacht, der seinen Willen gegen alle Widerstände mit allen Mitteln durchsetzen darf. Der Held mußte immer exotischer werden, um akzeptiert zu sein, und so wurde er gleichzeitig zur Persiflage[186]. In den härteren Filmen, zu den auch *C'era una volta il west* gehört, bleibt es nicht aus, daß auch sozialdarwinistische Tendenzen Eingang in die Handlung finden. Um diese Aussagen zugunsten von Unterhaltungseffekten zurückzunehmen, wurde durch Ironie und Genreverfremdung ein unterschwelliger Humor bewirkt ("Farewell to Cheyenne": Cheyennes Charakter des weichen Outlaws mit Typenklischees findet Berücksichtigung in der Anwendung seiner Erkennungsmelodie) oder aber das musikalische Thema wurde im Sinn der Szene in die epische Breite der Westernlandschaft gezogen (die Montage während "C'era una volta il west" beschreibt streckenweise außer Jill auch Orte oder die Veränderungen durch den Bau der Eisenbahn).

---

[184] Rabenalt, 84f, allerdings spielen die Leitmotive hier später mit der Authentizität und den auditiven Schichten, was der Bezeichnung dieses Films als "Westernoper" (Schütt) musikdramaturgisch nicht zuträglich ist
[185] Western-Lexikon, 739
[186] Seesslen II, 152

c) Analyse der 2. Sequenz

Die Etablierung der Off-Ton- und Montagemittel der ersten Sequenz haben eine Wahrnehmungsdispostion geschaffen, die den Rezipienten vor allem auf inhaltliche Irritationen festlegte und mit Mitteln der Tondramaturgie für Szenengeräusche sensibilisierte. Trotz der Einstellungen, die eine wahrnehmungspsychologische Identifikation mit dem Bahnhofswärter oder Harmonika nahelegten, wurden beide Figuren wieder zurückgenommen. Man kann darum davon ausgehen, daß zu Beginn der 2. Sequenz immer noch für den Zuschauer das Bedürfnis nach wahrnehmungspsychologischer Identifikation besteht.

aa) Umkehrung der Mittel der 1. Sequenz

Inhalt der 2. Sequenz:

Der Beginn der zweiten Sequenz wirkt auf den Rezipienten wie der Neuanfang eines anderen Films. Zwar hat der Schuß aus der Schrotflinte noch einen Bezug zum Western, aber das Lächeln des Iren Fred McBain, seine Kleidung und die aus dem Himmel fallende Wildente beschreiben eine typische Jagdsituation. Timmy, sein Sohn, hat sogar solchen Spaß an der Jagd, daß er gegen die Anweisung seines Vaters weitere Vögel aufscheucht und mit ausgestrecktem Zeigefinger auf sie abfeuert. Die Kamera verhält sich wie in einer konventionellen Exposition, sie zeigt mit Kranfahrten den Blickwinkel auf die Totale und stellt die McBain Farm vor. Fred McBain trifft auf seine Tochter, die das Festessen zur Ankunft Jills vorbereitet, und lobt sie für ihre Mühe, während Timmy, der etwas vom Essen stibitzen will, ins Haus geschickt wird, um sich zu waschen. Die eigentliche Familienszene wird unterbrochen durch die plötzliche Ruhe, eine Unterbrechung des Grillenzirpens. Staubiger Wind kommt zwischen kargen Bäumen auf. Doch plötzlich ist alles wie vorher. Der ältere Bruder Timmys erhält Ohrfeigen von seinem Vater, weil er sich verspätet hat und noch nicht auf dem Weg zum Bahnhof ist, um Jill abzuholen. McBain selbst geht zum Brunnen, um Wasser zu holen. Da setzt das Geräusch der Grillen zum zweiten Mal aus. Der ältere Sohn sitzt abfahrbereit im Wagen, zögert aber. Wind rauscht, Vögel fliegen auf. Das irische Mädchen steht in der Nähe des Festtischs, an dem die Schrotflinte lehnt. Sie geht einen Schritt vor und betrachtet lächelnd die Vögel. Auch McBain sieht ihnen zu. Ein Schuß ertönt. McBain lächelt, als würde er sich an die Jagd erinnern. Dann erst versteht er das Geräusch und sieht weiter entfernt seine Tochter tot zu Boden fallen. Mit einem Schrei läuft er zu ihr, doch Schüsse werfen auch ihn nieder. Dann fällt der Junge getroffen vom Wagen. McBain versucht, den am Stuhl hängenden Revolver zu ziehen, ein weiterer Schuß tötet ihn. Timmy läuft aus dem Haus, eine Wasserflasche in der Hand, und bleibt stehen. Er erkennt die Situation langsam. Langsam bewegen sich entfernt Gestalten auf ihn zu. Schließlich stehen Frank und seine Männer vor ihm. Weil Franks Name von einem seiner Männer genannt wurde, zieht Frank nach einem Moment scheinbarer Überlegung den Revolver und erschießt Timmy.

Was an dieser Strukturierung auffällt, ist die Umkehr der filmischen Mittel. Während in der 1. Sequenz der Off-Ton dazu benutzt wurde, um Spannung zu schaffen, bewirkt das Grillenzirpen in der 2. Sequenz gerade Ruhe. Die Kameraführung ist weitestgehend konventionell. Suspense wird zwar angedeutet mit Topiks der ersten Sequenz (Wind und Geräuschveränderung), aber diese Topiks stammen aus einer ganz anderen Szene, einer ganz anderen Welt und sind deshalb sehr unterschwellig. Die Gefahr ist zudem nicht sichtbar, also wird eine negative Emotion erregt ohne Suspense. Statt dessen tritt plötzlich unvermittelt das unglaubliche Morden ein. Somit arbeitet der Regisseur hier mit Mitteln des Surprise[187]. Am Ende der Szene, nach langen schmerzhaften Sekunden der Erwartung, wird Timmy von Frank getötet. Hier könnte die Szene im Sinne des Suspense gestaltet sein, aber die Lage des Jungen ist so aussichtslos, daß der Zuschauer gebannt ist und nur noch Abneigung und aristotelisches Schaudern im ursprünglichen Wortsinn empfindet.

Wahrnehmungspsychologisch ist diese 2. Sequenz wiederum eine Frustration, denn dem Rezipienten werden Personen in einer Familiensituation vorgestellt, die eine Identifikation gerade aufdrängt, darüber hinaus hat Timmys Spiel eine Entspannung von den Schrecknissen der 1. Sequenz geschaffen, in der man sich "sicher" fühlte. Gerade mit Timmy konnte sich der Zuschauer um so leichter künstlich identifizieren. Aber auch hier kann die Figur nicht weiter verfolgt werden, der Zuschauer hat das Gefühl, in der Geschichte wieder am Anfang zu

---

[187] *Hitchcock in* Truffaut, 216

stehen, zumal die exponierten Szenen der ersten beiden Orte sich unvermittelt gegensätzlicher emotionaler Mittel im Suspense und Musikbereich bedienen.

bb) Filmdramaturgische Mittel der Timmy-Szene

Wenn Timmy aus dem Haus läuft, nimmt die Kamera seine bewegte Perspektive ein. Diese Einstellung suggeriert die filmtechnische Identifikation des Rezipienten noch stärker, als dies in der ersten Sequenz bei dem Bahnhofswärter der Fall war. Timmys psychischer Schock wird dargestellt anhand seines plötzlichen Stillstands, den die Montage künstlich mit einem harten Gegenschnitt setzt, der ihn im Groß wie angewurzelt stehend zeigt. Gleichzeitig mit diesem Moment ertönt das Musikthema, das in ähnlicher Variation Harmonikas Dialog untermalte. War die Musik dort allerdings noch zurückhaltend, ist sie jetzt durch den metallischen Sound der elektrischen Gitarre hart, überraschend laut und in einer für Timmy ausweglosen Form unerbittlich. Während das berühmt gewordene Thema läuft, geht Timmys Blick in die Totale, die die tote Schwester und den Vater zeigt. In einer ungläubigen Langsamkeit tritt der Junge näher und sieht in einer weiteren Totale den toten Bruder. Er umklammert ein Glas, das mit blauem Wasser gefüllt ist, so als wolle er sich daran festhalten. In dem staubigen Wüstenwind treten kaum zu erkennende Gestalten hinter Büschen hervor. Sie lassen sich Zeit und warten auf einen Mann in der Mitte. Dann kommen sie langsam näher. Mittlerweile hat sich der Ton der Harmonika in das Musikmotiv eingeschaltet. Während die Musik mit Streichern weicher wird, kommen die Männer näher. Sie sind in einer deutlichen Aufsicht gefilmt, die ihre Größe gegenüber dem Jungen betont. In einer Gegentotale sieht man, wie sie an den Jungen herankommen und schließlich stehenbleiben, wobei dieses Stehenbleiben durch einen Perspektivenschnitt gedoppelt wird. Man sieht jetzt Timmy links im Bild und rechts einen der Unbekannten von hinten. Nun fährt die Kamera von hinten an den Mann heran, an seiner Schulter vorbei und zeigt sein Gesicht von vorn. (Hier erfolgt ein Bruch mit der Erzählperspektive, die aus Timmys Sicht erfolgte. Die Sicht der Kamera verstärkt trotzdem den Anwesenheitseffekt, denn die Kamera imaginiert die Neugier des Rezipienten, der den Anführer erkennen will, ihn vielleicht wegen der 1. Sequenz und wegen der gleichen Filmmusik für Harmonika hält.): Es ist Frank. Die Musik wird abgeblendet. Timmy steht in Untersicht klein in einer Totale. Franks Mimik deutet ein Grinsen an, das aber nicht recht entstehen will (Groß). Auf Timmys Gesicht hat sich Flüssigkeit unter dem rechten Auge angesammelt. Eine Totale der Männer. Ein Bandit spricht Frank an und verrät damit seinen Namen. Frank sieht den Mann an, und spuckt dann aus (tontechnisch verfremdet). Er bedeutet ihm, seinen Namen nicht zu nennen. Im Groß zieht Frank seinen silbrig glänzenden Revolver und richtet ihn auf Timmy. (Diese Einstellung ist bereits aus dem Urwestern *The Great Train Robbery* (1903) bekannt. Sie suggeriert wiederum Identifikation des Rezipienten mit dem Opfer.) Das Geräusch der Revolvertrommel wurde verfremdet. Es folgen Schuß-Gegenschuß zwischen Timmy und Frank in sehr naher Einstellung. Timmy schluckt ängstlich. Frank deutet wieder sein Grinsen an. Der Revolver sehr nah. Dann fällt der Schuß. Schnitt zur nächsten Sequenz. Die dramaturgischen Mittel dieser Szene bewirken bei dem Zuschauer starke Affekte. Das Grinsen Franks, die Wirkung des Musikthemas und der Glaube an den fairen Kampf als Westernklischee (der ja in der 1. Sequenz bestätigt wurde trotz einer Konstellation von "drei gegen einen") lassen ständig darauf hoffen, daß es einen Ausweg für Timmy geben muß, der ihn überleben läßt.

Die Szene galt lange als eine der grausamsten der populären Filmwelt. Das liegt durchaus an dem sozialdarwinistischen Inhalt, hat aber auch die wahrnehmungspsychologischen Gründe, daß der Zuschauer mit Timmy "erschossen" wird und daß andererseits wieder eine Leitfigur für Montage und Story verloren geht, was Irritation bewirkt. Verbunden mit der Timmy-Szene sind außerdem die Exposition Franks und das Musikthema, das eigentlich zu Harmonika gehört. Ein Musikthema zur Vernichtung eines wehrlosen Jungen zu benutzen, ist wegen der üblichen Art, Themen im Western als Heldenmusik einzusetzen, sehr sarkastisch. Das Musikthema müßte einen Bezug zu Harmonika haben. Doch dieser taucht weder als Retter noch als Mörder auf.

Nun besteht für den Rezipienten für die nächsten zwei Sequenzen die Hypothese, daß es sich hier um eine nicht gerade glücklich gefilmte Rückblende Harmonikas als Timmy, der den Schuß überlebte, handelt, welche das Treffen am Bahnhof in der ersten Szene erklärt. Diese Möglichkeit wird ausgeschlossen, wenn Jill, die vorher auf Harmonika traf, vor den aufgebahrten Leichen der Familie steht. So gibt diese Szene also zu der Schwierigkeit einer Wahrnehmungskonstruktion und eines Sinns für die Story noch neue Rätsel für den Rezipienten auf. Von der musikalischen Seite her hat schon Wagner einige Sätze formuliert, die sich im Gesamtzusammenhang auf alle Mittel der 2. Sequenz beziehen lassen:

> "...er (der Künstler, *der Verf.*) führt uns ... die bedeutungsvolle Geste einer Person vor, mit welcher diese... der entscheidenden Person droht. Der Inhalt dieser Drohung soll uns als A h n u n g erfüllen, und das Orchester soll den Charakter dieser Ahnung ... verdeutlichen, und vollständig kann es das nur, wenn es sie an eine E r i n n e r u n g knüpft."[188]

Weil hier die Person, der gedroht wird, noch lange nicht im Sinne der Handlung erkannt wurde, geht die Drohung in die Affekte des Zuschauers mit ein, mehr, als eine Filmmusik alleine dazu im Stande ist.

cc) Topiks, Superzeichen und Problemlösungsprozesse

Wenn Strukturen starke Affekte beim Rezipienten hervorrufen, so wird die Aufmerksamkeit durch emotionale Beteiligung stark erhöht. Deshalb nimmt der Zuschauer mehr unterschwellige Reize auf als sonst. In *C'era una volta il west* läßt sich die Gegnerschaft zwischen Harmonika und Frank nicht durch kausale Linearität herleiten, sondern sie verdichtet sich im Bewußtsein mittels Topikreihen. Durch die Wahrnehmungsstrategie ist man gezwungen, seine Erahnungen zur Story zum Verständnis zu benutzen:

> "Der Topic ist eine Hypothese, die von der Initiative des Lesers abhängig ist, der sie auf etwas undifferenzierte Weise und in Form einer Frage formuliert (worum zum Teufel geht es?) und die infolgedessen in einen Vorschlag für einen vorläufigen Titel übersetzt wird (wahrscheinlich geht es um dies und das?)"[189]

Verallgemeinert man das Thema der Fabel auf einen traditionelleren Begriff, so lassen sich alle Strukturen als Teile von aristotelischer Erkennungsdramaturgie auffassen. Dabei geht es nicht nur wie im griechischen Drama[190] um die Erkennung von Figuren untereinander (obwohl die Erkennung Harmonikas durch

---

[188] Wagner, 220f
[189] Eco I, 114
[190] Aristoteles, 37

Frank als die Grundidee des Films bezeichnet werden könnte), sondern es geht um die Erkennung der Figuren, um die Erkennung der Zusammenhänge, um die Erkennung von Vorgeschichten, um die Erkennung der Fabel durch den Rezipienten. Diese Erkennungen lassen sich in *C'era una volta il west* nicht einfach durch statistische Häufung von Topiks auffinden:

> "In anderen Fällen können... die Semene statistisch nicht bestimmt werden, denn sie sind *strategisch plaziert*. In diesen Fällen versucht der empfindsame Leser, der in der Disposition etwas ungewöhnliches fühlt, Abduktionen durchzuführen (d.h. eine verborgene Regelmäßigkeit auszusondern) und sie im Verlauf einer weiteren Lektüre zu testen."[191]

Auf den Film bezogen werden die Topikreihen, sobald sie mit anderen Kontexten angereichert wurden, zu Superzeichen:

> "Es ist denkbar, daß filmische Topiks auf analoge Weise ihre "Feldwerte" erhalten. Sie tauchen als Invarianten in einem Geschehensfluß auf und profilieren sich in einer bestimmten semantischen Richtung, werden dann aber auch sukzessiv mit weiteren Informationen angereichert und bilden ihrerseits Superzeichen, eben in Gestalt einer Erzählstruktur, die eine Zusammenfassung vorangegangener Informationen bewirkt."[192]

Die 2. Sequenz bietet in der stilistischen Darstellung der Geschehnisse zwischen Timmy und Frank den Ausgangspunkt für alle wichtigen Superzeichen, denn hier begründet sich in der bildlichen Abbildung das Material, aus dem alle Ereignisse, die schließlich zum Showdown führen, entstehen.

Beispiele:

- Fred McBain wollte gerade am Brunnen Wasser holen, als die Killer zuschlugen. Harmonika bittet Jill später, am Brunnen Wasser für ihn zu holen, und erschießt bei dieser Gelegenheit zwei Männer Franks. Cheyenne bittet Jill nach den Showdown, den Arbeitern Wasser herauszubringen, kurz bevor er stirbt.

- Timmy hält eine Flasche mit blauem Wasser in der Hand, als er vor Frank steht. Frank quält später den todkranken, ihm als Krüppel unterlegenen Morton,

---

[191] Eco II, 224
[192] Wuss, 139

der vom blauen Pazifik träumt, welcher mehrmals auf einem Ölbild erscheint und am Ende im Off-Ton mit Wellenrauschen illustriert wird. Damit hat die blaue Farbe[193] des Wassers eine Assoziation zu Franks sozialdarwinistischem Sadismus.

- Die Männer treten langsam und unerkenntlich zu Timmy vor Frank tritt in Harmonikas Rückblenden zweimal verschwommen vor, bis er erkenntlich wird.

- Frank spuckt aus, nachdem sein Name genannt wurde

In zahlreichen Einstellungen dient der zigarrenrauchende oder spuckende Mund Franks zur Darstellung von Antipathie.

- Frank zieht den silbrigen Revolver aus dem Halfter (Groß); Schuß (Groß) Frank zieht den Revolver immer auf ähnliche Weise, wenn er mordet. Er richtet ihn auf den sterbenden Morton, schießt aber nicht, sondern spuckt aus. Nach dem Duell mit Harmonika versucht er, bereits getroffen, den Revolver in einer für ihn typischen Art ins Halfter zurückzustecken, was mißlingt.

- Eine Kamerafahrt um Franks Gesicht herum exponiert ihn in irritierend-imaginärer Perspektive ("Erkennung" des Zuschauers aus Timmys Sicht) Frank geht vor dem Duell scheinbar um Harmonika herum, aber dessen Gesicht bleibt unbeweglich gleich (räumliche Irritation), da er nicht "erkennbar" ist.

- McBain schlägt seinen Sohn, weil er im Verzug ist, Jill abzuholen und sie als neue Mutter nicht anerkennt Frank schlägt Harmonika auf die gleiche Weise ins Gesicht.

- Das Musikthema ist das gleiche wie im Showdown. Der Showdown bedient sich in Bewegung, Musik und der eingearbeiteten Rückblende vieler Motive der Timmy-Sequenz.

- Timmy weint, als er vor Frank steht. Harmonika laufen in der Rückblende kurz vor dem Showdown ebenfalls die Tränen übers Gesicht

- Frank grinst, als wolle er Timmy begnadigen. Frank grinst Jill an, während er sie unter Bedrohung ihres Lebens sexuell nötigt.

---

[193] Bordwell, 175, nimmt Bezug auf Farb-Motive im Film

Diese Beispiele ließen sich noch weiter fortsetzen. Sie zeigen, daß der Rezipient durch die gleichartigen Ereignisse unterschwellig ständig an die 2. Sequenz und Timmys Tod erinnert wird. Auf der anderen Seite wird Harmonika immer mehr mit Timmys Schicksal in Verbindung gebracht. Für den Zuschauer bleiben die Identifikationsmomente somit bestehen, da sie sich als Superzeichen weitertragen. Die Überraschung der Rückblende Harmonikas besteht darin, daß er ein noch härteres Schicksal trug als Timmy, weil ihm die Schuld am Tode des Mannes auf seinen Schultern von Frank angelastet wurde (diesen Mann hält man übrigens nur wegen der Superzeichen in Rezensionen zweifellos für Harmonikas Vater oder Bruder!).

Wenn einige Rezipienten diese hier genannten Zeichen, die in die Exposition von Frank und dessen Schreckenstat in der zweiten Sequenz fallen, auch nicht mehr bewußt in der Erinnerung haben, so müssen sie unbewußt bei der Suche nach Lösungen um den Sinn des Films eine Rolle spielen. Man spricht in diesem Zusammenhang von wahrnehmungsbedingten Problemlösungsprozessen[194], die in der Phantasie des Rezipienten ablaufen, sich in bestimmten Kausalfeldern konkretisieren und hier durch die genannten Erzählformen individuell in Gang gesetzt werden.

Harmonikas Verbindung mit Timmy durch die genannten Mittel trägt auch auf diesem Weg dazu bei, daß hier rationale Mechanismen und Affekte zusammenfallen. Darum hat die Figur Timmy entscheidenden Anteil daran, daß der Showdown als so genußvoll empfunden wurde. Hier handelt es sich um die Spiegelung des Unrechts der 2. Sequenz in der genregemäßen Ausführung, wie sie in erster Sequenz schon in der Verabredung zwischen Frank und Harmonika angedeutet wurde. Der Rezipient erlebt somit das Rachegefühl des Showdowns emotional viel stärker mit als üblich, weil es ihm durch Irritationen in der Wahrnehmung und durch Identifikationsmechanismen nahegelegt wurde. Gerade deshalb wohl dürfte der Showdown aus *C'era una volta il west* trotz undurchsichtiger Erkennungsdramaturgie der Gesamtkonstruktion so berühmt geworden sein. Wegen der Häufung von Erzählstrukturen mit Topiks, die als Superzeichen weitergetragen werden, könnte man die Sequenz von Timmys Tod in Folge dessen als "Supersequenz" betiteln.

---

[194] Dörner u.a., 62ff, benennen diesen Mechanismus als "passive Kontrolle in Voraussagen"

6. Der Konflikt der Nebenfigur in einer gruppendynamisch bestimmten Handlung, Beispiel: Simon in *Herr der Fliegen* (Peter Brook, GB 1963)

Bisher hatten die hier vorgelegten Analysen aus dem Film- und Theaterbereich überwiegend Nebenfiguren zum Thema, deren Wirkung primär auf Konflikte der Hauptfiguren oder auf die Rezipientenpsychologie zurückverwiesen wurde. Dieser Ansatz ist in der mangelnden Literatur zur Nebenfigur begründet und in der Absicht, gleichzeitig mit den Nebenfiguren-Analysen systematische Aussagen zur Figurenkonzeption in dramatischen, episch-aristotelischen und epischen Strukturen zu ermöglichen. Ein Vorteil des Mediums Film gegenüber dem Theater bestand jedoch neben der Erweiterung des szenischen Raums auch darin, daß mittels der Großaufnahme die Mimik unbegrenzter Personen nacheinander eingefangen werden konnte. Aus der im Ursprung dokumentarischen Absicht, in dieser Art Wirkungen bestimmter Ereignisse auf ganze Personengruppen erzählen zu wollen, erreichte der Film auch im Spielfilm und Unterhaltungsbereich eine medientypische Erweiterung: Ganze Schulklassen, Sportgruppen oder sonstige Vereinigungen konnten in ihrem Entwicklungsprozeß dargestellt werden. Weil es dem Sinn des Hergangs aber dann doch oft nicht entsprach, in einer bedeutenden Situation jeden einzelnen Menschen in seiner Reaktion aufzunehmen, übernahmen Filmemacher bewußt und unbewußt Regeln, die sie mit ihren eigenen Erfahrungen in gruppenpsychologischen Prozessen erlernt hatten. In der Erweiterung des Materials auf eine Personengruppe konnte nun auch eine Nebenfigur leichter eine übergeordnete Rolle im Verständnis des Hergangs einnehmen, sie konnte eine eigene gesonderte Entwicklung erleben, einen eigenen Konflikt haben, und dennoch wegen ihrer mangelnden Einflußnahme auf die Handlung und der Begrenzung ihrer Szenenauftritte nur Nebenfigur sein. Im ausgewählten Beispiel von Simon aus *Herr der Fliegen* soll nachgewiesen werden, wie die ursprünglich im Roman beschriebene Handlung und die filmische Adaption den tragischen Konflikt einer Nebenfigur gestaltet haben.

a) Der eigene Konflikt der Nebenfigur

Eine Nebenfigur kann auf das gesamte Gerüst der Handlung ihre Wirkung entfachen, wenn sie in erster Linie einen *eigenen* Konflikt hat, der für eine bestimmte jeweils nachzuweisende Entwicklung bedeutsam ist. Dieser Konflikt darf nicht nur in Ergänzung zur Fabel oder zum Hauptkonflikt gestaltet sein, sondern soll in seiner eigenen Wirkung leben, ohne eine szenische Randerscheinung zu sein oder ein verfremdendes Additiv.

Der eigene Konflikt der Nebenfigur benötigt folgende Voraussetzungen:

- der Konflikt der Nebenfigur muß deutlich exponiert sein

- das szenische Arrangement muß auf diesen Konflikt teilweise zentral ausgerichtet sein

- der Konflikt der Nebenfigur muß eine Wertungsebene zum Gesamten enthalten

- die Lösung/Nichtlösung muß eine episch-thematische oder tragische, bzw. dramatische Folge nach sich ziehen

In der Regel trifft man Nebenfiguren mit eigenem Konflikt nicht in dramatischen Stoffen an, da die Gegenspielerdramaturgie den Konfliktbereich der Hauptfiguren verabsolutiert und Nebenfiguren dem entsprechend unterordnet. Eigene Konflikte von Nebenfiguren sind darum ein ein Kennzeichen für episch-dramatische Mischformen oder rein epische Strukturen.

b) Allgemeine Aspekte der Gruppendynamik

Grundvoraussetzung dafür, daß eine Nebenfigur tragisch wirken kann, ist ihre Einbindung in einen Handlungs- und Lebensprozeß, der in Interaktion mit anderen Figuren steht und so einen Wertungsmaßstab für die Ereignisse erzeugt. Was hier für die Erlebnisbereiche jeder wirklichen Person gilt, kann auch auf die virtuelle Figur übertragen werden: Der Mensch lebt in Beziehung zu anderen Individuen, wird in Familie, Schule und Beruf Mitglied einer oder mehrerer Gruppen und erlebt fortwährend Auseinandersetzungen als Gruppenmitglied, sei es mit anderen Gruppen oder mit Individuen. Gleichzeitig bleibt er in Einzelbegegnungen auch Individuum und wird mit anderen Gruppen konfrontiert. Diejenige Gruppe, mit deren Wertmaßstäben, Zielen und mit deren Atmosphäre sich der Mensch am meisten identifiziert (oder zwangsweise identifizieren muß, *der Verf.*), erlangt eine übergeordnete Bedeutung, deshalb wird sie in der sozialpsychologischen Literatur als "Primärgruppe" bezeichnet[195]. Eine soziale Gruppe lebt von den gemeinsamen Zielen, die speziell erarbeitet werden oder als Normen, Rangordnungen und Funktionen existieren und dann gefühlsmäßigen und kommunikativen Wechselbeziehungen unterliegen[196]. Die Gruppenziele können sich durch Dynamik verschieben. Beispielhaft dafür ist eine Versuchsreihe, an der Grundbegriffe der Gruppendynamik erarbeitet wurden. Sherif wies nach, daß Einzelpersonen durch das Zusammenleben in veränderten Gruppen, hier aus dem Bestand eines Jungen-Ferienlagers neu "geordnet", ihre Meinungen und Beurteilungen bezüglich Menschen und Situationen schnell ändern, und teilte diese Entwicklung in Phasen ein.[197] Die Feriengruppen, die sich die Namen "Red Devils" und "Bulldogs" gaben, erarbeiteten sich zügig ein starkes Gemeinschaftsgefühl, das sich in den Begriffen der "Wir"-Gruppe und der "Die"-Gruppe manifestierte. Dabei wurde die Beurteilung der Leistungsfähigkeit und Qualität der eigenen Gruppe weitaus höher eingeschätzt als die der "Die"-Gruppe. Ein sportlicher Wettkampf zwischen den beiden Gruppen endete so in einer Rauferei, schließlich folgten Überfälle auf die feindliche Gruppe, die z.B. mit dem Bewerfen von Fallobst oder auch mit der Verbrennung der gegnerischen Flagge zelebriert wurden. Interessant war jedoch vordem, daß die ursprünglich einzeln spontan geschlossenen Freundschaften der Gegner vor der Gruppenbildung nicht weiter gepflegt werden konnten. Dennoch aber schlossen sich die Gruppen später friedlich zusammen, wenn sie ein gemeinsamer Zweck verband:

"Als wirksam erwiesen sich vier Situationen:

a) Der 'gemeinsame Gegner', d.h. ein sportlicher Wettkampf der Lagerteilnehmer mit einer Mannschaft aus dem benachbarten Städtchen

b) die 'gemeinsame Not', d.h. das angebliche Versagen der Wasserzufuhr zum Lager,...

---

[195] Mäde, 4
[196] Mäde, 8
[197] vollständig dargestellt in Hofstätter, 119ff

c) der 'gemeinsame Vorteil', d.h. die Entlehnung eines Spielfilms, für welche Ersparnisse beider Gruppen herangezogen werden mußten.

d) die 'gemeinsame Freude', d.h. ein besonders viele Vorbereitungen erfordernder Ausflug in ein... Naturschutzgebiet."[198]

Durch diese notwendig gewordenen Zusammenschlüsse wurde die "Rivalitätsphase" der beiden Gruppen zugunsten einer "Integrationsphase" nach und nach aufgelöst.Eine spätere Befragung ergab, daß die Teilnehmer in der Bewertung der "Wir"- und "Die"-Gruppe keinen qualitativen Unterschied mehr machten. Sie hatten sich im sprichwörtlichen Sinne "zusammengerauft".

Festzuhalten ist, daß die Urteile über eigene und fremde Eigenschaften ebenso gruppenbezogen sind wie das Zutrauen, daß man zu der eigenen Meinung entwickelt. In der Außenseiterproblematik wird dieses Ergebnis von einer anderen Seite beleuchtet. Der Außenseiter nimmt eine besondere Rolle ein, die der Gruppe auch dienlich ist:

"Er ist ein notwendiges Ärgernis, durch das die Bestimmungsleistungen der Gruppe davor bewahrt werden, in der Belanglosigkeit zu erstarren... Die Ächtung des Außenseiters wird sich.... in solchen Gruppen am ehesten erwarten lassen, die von der unverrückbaren Selbstverständlichkeit der von ihnen vorgenommenen Bestimmungen am festesten überzeugt sind oder die eine solche Überzeugung am lautesten proklamieren müssen, um ihren inneren Halt nicht zu verlieren."[199]

Schließlich definieren sich Gruppen allgemein auch selbstkritisch und nüchtern nach ihren Leistungen und Zielen. In dieser annähernd objektivierten Sicht bestimmt die Gruppe ständig ihren "Ist-Zustand" gegenüber dem "Soll-Zustand"[200], den sie erreichen will bzw. an dem sie in dialektischer Analyse ihren Erfolg messen kann.

---

[198] Hofstätter, 121
[199] Hofstätter, 90
[200] Mäde, 9

c) Simon in Herr der Fliegen

Der filmischen Adaption von Brook, der am Drehbuch mitgeschrieben hat, merkt man an, daß sie mehr Wert auf Szenenbewegungen legte als auf eine deutliche Charakterisierung der Figuren. Das mag einerseits daran liegen, daß Brook in erster Linie ein berühmter Vertreter der Theaterwelt ist und daher eine besondere Absicht mit der Inszenierung verband, andererseits ist zu erwähnen, daß er den Film mit Laienschauspielern gedreht hat. Schließlich lag die Veröffentlichung des literarischen Welterfolgs von Golding erst wenige Jahre zurück (1954), so daß Brook die Grundhandlung als bekannt voraussetzen konnte. Zur Erläuterung der Führung Simons erscheint es als vorteilhaft, zunächst auf den Romanstoff einzugehen und dann auf die filmische Adaption.

aa) Inhalt und Motive der Romanvorlage (W. Golding)

Inhalt: Eine Gruppe Schuljungen (6 - 12 Jahre), die aus England wegen eines Krieges deportiert wurde, landet durch einen Flugzeugabsturz auf einer Pazifikinsel. Zunächst treffen sich Ralph und Piggy, ein dicker Junge mit Brille. Sie finden ein Muschelhorn, auf dem Ralph trompetet und so alle verstreuten Jungen herbeiruft. Unter den Jungen befindet sich eine Chor-Abteilung unter Führung des herrschsüchtigen Jack, aus deren Reihe ein Junge bei der Ankunft in Ohnmacht fällt: Simon. Ralph wird von allen Jungen zum Anführer gewählt. Die Gruppe sichert sich regelmäßige Versammlungen und demokratische Regeln, vor allem Redefreiheit, zu. Nach einer Erkundung durch Ralph, Jack und dem wieder erwachten Simon beschließen sie, auf dem Berggrat ein Signalfeuer für ihre Rettung zu errichten. Piggys Brille wird zum Anzünden des Feuers benutzt. Doch kurz darauf läßt Jack, der sich und seinen Chor (ohne Simon) für die Fleischbeschaffung und das Signal verantwortlich erklärte, das Feuer wegen seiner Jagdgelüste auf Wildschweine ausgehen. Er zerschlägt Piggy, der sich deswegen beschwerte, durch eine Ohrfeige ein Brillenglas. Die kleineren Kinder haben Angst vor der Insel und glauben, daß eine Bestie sie bedrohe. Simon antwortet zaghaft darauf, daß, wenn es wirklich ein Tier gäbe, sie alle dieses Tier selbst wären. Die Versammlung eskaliert in der Angst aller übrigen vor einem Ungeheuer, Ralph kann die Gruppe trotz der eingeführten Regeln nicht zusammenhalten. Bald darauf bemerken Kinder beim Signalfeuer einen toten Piloten mit Fallschirm und halten ihn in ihrer Angst für die Bestie. Eine Nachprüfung von Ralph, Jack und Roger bestätigt wegen der Dunkelheit und gespannten Situation deren Angst und beweist die Existenz einer Bestie. Jack, der sich inzwischen völlig seinem Jagdkult verschrieben hat, behauptet, nur er als Jäger könne alle vor der Bestie beschützen. Er verleumdet den Anführer Ralph als Feigling und verläßt aufrührerisch die Gruppe, um "zu jagen und Spaß zu haben". Simons Vorschlag, noch einmal auf den Berg zu gehen und nachzusehen, wird vom Rest der Gruppe ignoriert. Während Ralph resigniert, bewegt ihn der vernünftige Piggy dazu, ein neues Feuer am Strand zu machen. In der Zwischenzeit läuft die Mehrzahl der Jungs zu Jacks Jägern über. Diese töten wieder ein Schwein und spießen den Kopf des Tiers als Opfer für die Bestie auf einem Holzspeer auf. Simon, der nach seiner Gewohnheit allein durch den Wald streift, entdeckt das Opfer und erkennt es visionär als "Herr der Fliegen". Jack stiehlt zwischenzeitlich mit seiner bemalten Horde das Feuer der anderen und lädt sie großspurig zu einem Fest ein. Simon geht auf den Berg und erkennt den Piloten, der für die Bestie gehalten wurde. Auf dem Fest verfallen die übrigen Jungen einschließlich Ralph und Piggy in einen animalischen Rausch des Jagdkults. Simon, der plötzlich dazwischen auftaucht, wird von ihnen zur Bestie erklärt und mit Speeren und Schlägen getötet. Später hält Ralph diese Tat für Mord, doch Piggys Vernunft bezeichnet das Resultat ihrer Gruppenextase als Unfall. Nun zwingt Jack die restlichen Jungen durch seinen Folterknecht Roger dazu. seinem Stamm beizutreten. Lediglich Ralph, sein Berater Piggy und zwei Jungen bleiben übrig. Jack überfällt sie erneut und stiehlt Piggys Brille. Bei dem Versuch, die Brille zurückzuholen, kommt es zum Kampf zwischen Ralph und Jack. Ein Felsblock, den Roger löste, um Ralph zu treffen, geht auf Piggy nieder, reist ihn in die Tiefe und tötet ihn. Ralph flieht, doch alle anderen Jungen machen auf

Jacks Befehl Jagd auf ihn. Dabei wird fast die ganze Insel in Brand gesetzt, um Ralph auszuräuchern. Kurz bevor die Jäger Ralph erreichen und töten können, trifft der Offizier eines englischen Kriegsschiffs ein, das durch den Rauch aufmerksam wurde. Das Geheul der Jäger, die jegliche Bindung an die Zivilisation aufgeben wollten, verstummt, während Ralph in für ihn längst fällige Tränen ausbricht.

Der Eindruck der Zusammenfassung, es handele sich hier überwiegend um einen mikrokosmischen soziologischen Entwicklungsprozeß denn eine Charakterstudie von Einzelpersonen, bestätigt sich in den einzelnen Kapiteln und Szenen des Romans fortwährend. Es gibt eine Vielzahl von Gruppenversammlungen (assemblies), in denen die Jungen versuchen, eine gesellschaftliche Ordnung (rules) oder Maßnahmen ihrer Rettung (rescue) einzuführen. Dabei verhalten sich die wenigen deutlicher beschriebenen Jungen (der Großteil der Gruppe ist mehr oder minder namenlos) entsprechend ihrer wiederholt dargestellten Positionen und Charakteranteile typenhaft: Der asthmakranke und wegen seiner Beschwerlichkeit als "Schweinchen" gehänselte Piggy möchte nach einem angelernten oft altklug wirkenden Verstandesprinzip die Welt der grownups auf der Insel einführen. Sein Antipode Jack verbreitet die Sucht nach Autorität, wurde beeinflußt von imperialistischen Thesen ("we're english and the english are the best") und zeichnet sich durch einen Hang nach Macht, Tötungskult, Bestrafungsregeln und Aggressivität gegen Pflanzen, Tiere und Menschen aus. Der beliebte, rhetorisch ungeschickte Ralph verstrickt sich als überforderter Chef in die Wiederholung seiner anerzogenen und erarbeiteten Prinzipien und kann in seinem gutgläubigen Demokratieverständnis nicht angemessen auf Jacks Provokationen und dessen Impulsivität reagieren.

Diese drei Hauptfiguren tragen im wesentlichen durch ihre Unverrückbarkeit zur Verwicklung der Handlung bis zur Katastrophe bei. Dadurch gelangt der gruppendynamische Aspekt der Dramaturgie für die Entwicklung der Jungen bis zu einem dramatischen Actionverlauf am Ende immer mehr in den Vordergrund, obwohl die langwierige Exposition, das Robinsonaden-Inselmotiv, die Naturbeschreibungen und die anfangs beschriebene unbefangene Kinderwelt eine epische Breite entwickelten, die fast bis zur halben Lektüre des Buchs den Ausgang nicht erahnen läßt. Dies wird impliziert durch die zunächst hoffnungsvoll beschriebene "Integration" aller in der Schaffung der Gesetze, an die sich alle halten wollen. Später aber wird die Gruppe ähnlich des unter b) beschriebenen Versuchs (s.o.) durch Jacks Verhalten geteilt, es entstehen plötzlich "Rivalitätsphasen", die zur Vernichtung der schwächeren Gruppe führen, und nicht, wie im Normalfall, einen Prozeß des "Zusammenraufens" nach sich ziehen. Etwas pessimistisch hat der Autor eine Unmöglichkeit gemeinsamer Ziele für beide Gruppen gesetzt, die allerdings durch den Auftritt des Usurpators Jack, unter dem keine freie Gruppendynamik mehr möglich ist, ausreichend begründet wird. Die Intrigen Jacks verbinden sich mit seinem rhetorischen Geschick, so daß das Essen von Schweinefleisch und die eigene Verehrung zum Hauptziel der Kinder erklärt wird, auch die Gegner Ralph und Piggy geben hier wegen ihres Hungers klein bei, damit haben sich die Machtverhältnisse bereits auf dem Fest Jacks unverrückbar zu seinen Gunsten geändert.

Andererseits hat der Autor Schuljungen zwischen 6 und 12 Jahren beschrieben, die ihre Vorstellung der "Schatzinsel", des "Robinson Crusoe" und des "Korallenriffs" (*coral island*) vor Augen haben. Der letztere populäre Jugendroman von Robert Michael Ballantyne (1858) hat William Golding nachweislich inspiriert[201]. Sogar die Namen Ralph und Jack hat er der klassischen Robinsonade entnommen, allerdings konnten die eigenen Erfahrungen aus dem zweiten Weltkrieg[202] ihn der Handlung des literarischen Vorwerks, in der vierzehnjährige gute Britenjungen eine Insel vorzeigbar zivilisieren und einen Kannibalenstamm zu guten Christen umerziehen, nicht näherbringen. Doch trotz der pessimistischen Weltsicht hat der Erstlingserfolg des späteren Nobelpreisträgers (1983) seine Qualität in der sensiblen Schilderung der Psyche der Kinder, im Bau einer dialektisch meisterhaft durchstrukturierten Motivfabel und in einer realistischen Vorstellung von gruppendynamischen Prozessen gefunden. Vor allem die Arbeit mit szenischen Details wie der Muschel oder Piggys Brille, die ständig durch verschiedene Ereignisse mit neuen Bedeutungen aufgeladen werden, ist sehr beachtenswert. Ein Überblick über alle Symbole des Romans[203] zeigt, daß nahezu lückenlos alles motivisch erfaßt wurde. Zu großer Bedeu-

---

[201] Kindlers, 568ff

[202] Golding in Begleitheft, 7 sagt, daß die Kriegserlebnisse seine Persönlichkeit entscheidend verändert hätten

[203] Königs, 28ff

tungsintensität und Stilisierung bis in die Parabelwirkung hinein entgeht der Autor nur durch sein Talent der gleichzeitig realistischen Schilderung der Vorgänge.

In eher epischer Schilderung und mit einer ideellen Wirkung auf die Darstellung der Gruppe findet die Einarbeitung der Figur Simon ihren thematischen Raum. Simon, der ursprünglich ein Mitglied des militärisch geführten Chors war, entwickelt sich durch sein Verhalten zunehmend zum Außenseiter der später immer mehr zweigeteilten Gesellschaft. Zu Ohnmachtsanfällen neigend, scheu und in einer Hemmung gefangen, die ihm das Reden bei Versammlungen erschwert, sucht sich Simon das Verständnis der Insel in der Harmonie der Natur und in quasi-meditativen Erfahrungen. Zu Ralph verbindet ihn eine gegenseitige Sympathie, die zuerst zutage tritt, wenn Ralph den Jungen, der durch seine Anfälle schwächlich wirkte, zum dritten Teilnehmer der Expedition gegenüber Piggy vorzieht.

Die Expeditionsgruppe aus Ralph, Simon und Jack ist eine sehr glückliche Wahl, einerseits aus der Addition der Eigenschaften der drei, andererseits aus der harmonischen Schilderung der Expedition durch Golding, die später keinen Vergleich mehr findet. In der weiteren Entwicklung des Geschehens fällt Simon durch die ständige spontane Hilfeleistung zugunsten Ralphs und Piggys auf. Er ist neben den Zwillingen Sam und Eric, die wegen ihrer individuellen Unvollkommenheit abgewertet werden, der gute Geist, den Ralph zur Ausführung der Pläne (z.B. zum Bauen der Hütten) braucht, an der sich der intellektuelle aber schwerfällige Piggy nicht (aktiv) beteiligt. Die ständige pflichtlose Zerstreuung der anderen Jungen führt dazu, daß Ralph, Piggy und Simon zu einer Chefgruppe mutieren, die keinerlei Rückhalt hat.

Simon gibt außerdem mehrere Beispiele für soziales Verhalten in der Gruppe, wenn andere sich der Verspottung des Schwachen verschrieben haben. Seine Handlungen sind dabei spontan und unspektakulär, sie ändern die Situation zwar entscheidend, doch eine Würdigung oder ein Lehreffekt bleibt aus. Wenn die anderen Kinder sich mehr und mehr in die Angst vor dem Biest verstricken, bleibt Simon ruhig und stellt heraus, daß sie alle höchstens selbst dieses Biest sein könnten. Seine Sensibilität birgt einen tieferen Verstand als den Piggys, der sich trotz einer gewissen Reife doch in der Nachahmung von Patentlösungen der Erwachsenenwelt erschöpft. Fast ironisch hat Golding Simons Rückkehr von einer einsamen Nachtwanderung dadurch beschrieben, daß ausgerechnet der Furchtloseste von allen im Dunkel für das vermeintliche Biest gehalten wird (gleichzeitig Vorausdeutung für seinen Tod).

Tiefenpsychologisch läßt sich die Angst vor dem Biest aus einem Schuldgefühl erklären: Auf der Insel isoliert erkennen die Jungen unbewußt, daß sie nicht fähig sind, Regeln einzuführen und zu befolgen. Die früher gewohnte Autorität der Erwachsenenwelt (die durch die Kriege, die sie führt, abgewertet wird), zerfällt ins Nichts. Die täglichen Sünden der Verfehlung von Ordnung manifestieren sich bei den Kleineren in der Angst vor Strafe, vor einem Ungeheuer. Jack kann diese Angst durch seinen aggressiven Jagdkult kompensieren, aber nicht überwinden. Der Zustand zwischen Sünde und Strafe ist so stark, daß die Überzahl der Kinder eine Art Gruppenpsychose befällt, die sie zu Jack, der sie wegen seiner Stärke vor dem Ungeheuer beschützen kann, überlaufen läßt. Selbst Piggy und Ralph sind wegen der Teilnahme am Fest davon nicht frei.

Lediglich Simon, der die Harmonie der Natur auf seinen Wanderungen in sich selbst erkennt, ist in diesem Punkt frei von Angst. Dies macht ihn in religiösem Sinn unantastbar und zieht ihm den unterschwelligen Haß der Gruppe zu, die ihre Dynamik in den letzten Versammlungen auf die Verbreitung von Angst richtet, weil die Kinder spüren, daß es auch einen Vorteil hat, an ein Biest zu glauben. Hier entfaltet sich die unter b) genannte Außenseiterproblematik (s.o.), die letzten Endes zum Tod des Simon führt. Diese Außenseiterproblematik entwickelt sich zum inneren Konflikt Simons. Wenn er nach der Beobachtung der Jäger schließlich vor den aufgespießten Schweinekopf tritt, erlebt er einen inneren Dialog mit dem Herrn der Fliegen, der ihm mit der Stimme eines Schuldirektors zu verstehen gibt, daß er "hier unerwünscht sei".[204] Obwohl Simon keine Angst zeigt und den Schweinekopf nicht fürchtet ("Pigs Head on a stick!"), spürt er doch, daß er kurz vor einem (epileptischen) Anfall steht. Der Kopf fährt fort: Ein kleiner Junge sei Simon, der allen nur im Weg stünde, denn hier auf der Insel wolle man Spaß haben. Er solle zu den anderen zurückkehren, damit man das Ganze vergessen könne. Oder aber sie würden ihm etwas antun:

---

[204] *siehe* Golding, 158ff

Jack und Roger und Robert und Bill und Piggy und Ralph.[205] Dieser Moment beinhaltet nicht nur die Erkenntnis des Bösen (in mehreren Interpretationen soll der Herr der Fliegen der Teufel sein), sondern visioniert Simon seinen bevorstehenden Untergang. Im Roman folgt darauf Jacks Überfall auf die Minderheit, der er das Feuer stiehlt. Kurz darauf, wenn er sie in die Gewalt seines Jagdkults treibt, ist der Machtkampf zwischen Ralph und ihm schon entschieden. Genau in diesen Moment dazwischen geschaltet wurde die zweite Erkenntnis Simons, der den Toten statt einer Bestie auf dem Berg vorfindet. Wenn Simon dann auf dem Fest erscheint, trägt er die erlösende Erkenntnis in sich, während alle anderen ihre Angst zur Glaubensfrage gemacht haben. Sie erklären ihre Retterfigur zum Ungeheuer und töten sie (Golding läßt Simon im Sterben noch seine Erkenntnis verkünden, die aber im Rausch nicht vernommen wird).

Kunstvoll gearbeitet ist hier die Einarbeitung zweier Erkenntnisvorgänge Simons mit dem sogenannten Midpoint der Verwicklung zwischen Ralph und Jack, der beim Überfall zugunsten Jacks überschritten wird. Darüber hinaus ist der Tod Simons wegen der gerade erworbenen Erkenntnis und tiefenpsychologischen Erlösung ein sehr tragischer Augenblick, da hier auch zum ersten Mal extreme Gewalt gegen Menschen angewandt wird.[206] Simons Grundkonflikt und die Schüchternheit, die sich daraus herleitete, sind begründet im Unverständnis seiner Wahrheitsverkündungen. Nicht nur die Prophezeiung von Ralphs Rettung[207], auch die Meditationsszenen, seine Anfälle (Epilepsie galt früher als heilige Krankheit) und das Visionieren des eigenen Endes machen Simon zu einer modernen Kassandragestalt mit philosophisch-religiöser Konnotation[208].

bb)   **Filmische Inszenierung Simons: Prinzip einer korrelativen Kommunikation**

Brooks Film hat aus der Romanvorlage aus Platzgründen nur Teile verwandt und dabei die chronologische Abfolge verändert, einzelne Begebenheiten aus

---

[205] ebenda
[206] Königs, 31, zeigt deutlich die Entwicklung bis zur Aufgabe der Hemmschwelle
[207] Golding, 122
[208] siehe die Parallelen zu Kassandra in I 1 f (s.o.)

weit auseinanderliegenden Versammlungsszenen der Jungen wurden entgegen der Entwicklung der Literaturvorlage in Handlungsraffung zusammengefügt. Dadurch wird die Handlung zugunsten der Auseinandersetzungen zwischen Jack und Ralph bzw. Piggy dramatisiert, einige Details, die bei Golding symbolisch und variabel waren, wurden weitaus mehr dramatischen Zwecken dienlich gemacht (z.B. Piggys Brille), andere Details gehen in der Szenenbewegung oder der Montage unter oder sie sind von vornherein weggelassen worden.

Die Kameraführung der Exposition (1. Versammlungsszene) erweist sich als sehr eigenwillig. Ob dort manche Einstellungen Subjektiven der Figuren waren, bleibt häufig unentschlüsselt. Unbegründet werden (Erzähl-)Perspektiven eingenommen, die nicht den Örtlichkeiten oder Bewegungen der Szene entsprechen und auch nicht immer der 180° Regel der optischen Achse folgen. Diese Perspektivenwechsel gehen recht zügig voran, so daß Teile der Dialoge als out-of-screen Ton wahrgenommen werden. Dazwischen montiert sind auch psychologische Montagen, bzw. von Jacks Portrait, das leicht von unten gefilmt Autorität vermittelt, während er gleichzeitig sagt: "Dann müssen wir uns selbst um alles kümmern." Einige Montagen wirken nicht kontinuierlich, so daß Sprünge/ Irritationen zwischen den Bildern (ähnlich eines jump cuts) entstehen, was z.B. Entfernungen von Personen untereinander und deren Standorte betrifft. Darüber hinaus wird die Kamera oft bewegt, oder aber sie zeigt nur Bewegungen der Arme und Beine am Bildrand.

Diese Kameraführung bewirkt beim Rezipienten unwillkürlich ein Bedürfnis nach Authentizität und Orientierung im Raum. Trotz dieser Wirkung stellt sich ein Anwesenheitseffekt ein, weil die Bewegung der Kamera der Stimmung und Atmosphäre der Szene dokumentatorisch gerecht wird: Sie zeigt innerlich aufgeregte Jungen, die auf eine Insel verschlagen wurden und einander größtenteils nicht kennen. So vermittelt die Kamera den Standpunkt eines auktorial geführten Beobachters, der jedoch nicht mehr zu wissen scheint als die Figuren des Films, die er mehr durch ihre Bewegung als durch die Reaktionen ihrer Gesichter wahrnimmt. Dadurch, daß die Subjektiven der Jungen nicht deutlich durch die Montage gesetzt werden und teilweise mit out-of-screen Ton gearbeitet wird, stellt sich zuweilen auch ein verwirrender Effekt ein: Wer spricht warum mit wem über was?

Andererseits gibt es längere Einstellungen, die den Rezipienten zur Reflexion über das Geschehen aufzurufen scheinen. Ralph z.B. hält eine längere Rede (2. Versammlung) über die neu erarbeiteten Regeln des Zusammenlebens im out-of-screen Ton, während die Jungen fast unbeweglich und reaktionslos im Profil gezeichnet sind. Man fragt sich, ob die Kinder wohl interessiert zuhören, ob sie an den Sachinhalt der Rede glauben oder ob ihnen das Gerede des Chefs egal ist. Erst in Auseinandersetzungen, die für den dramatischen Verlauf von Bedeutung sind, wird später eine konventionelle Kamera eingesetzt (Beispiel: Als Piggy Jack wegen des Feuers beschuldigt, gehen die Bilder in Totalen und Schuß/Gegenschuß Einstellungen über und zeigen so den Raum der Szene übersichtlich). Ebenso wie die unkommunikativen, aber dynamisch dargestellten Versammlungen wird später das Fest Jacks abgefilmt: Wenig Totalen, viele halbnahe Einstellungen von unterschiedlichen Personen und Orten lassen keine Orientierung über den Raum zu. Simon, der im Gebüsch in der Nähe auftauchte, geht bei seiner Ermordung in einem Gewirr von Köpfen, Beinen, Körpern und Speeren unter. Damit wurde sicher gestellt, daß bei einer ritualen Tat im Kollektiv der Einzelne nicht erkennbar sein soll.

Die Mittel, mit denen Simons Schlüsselstellung im Entwicklungsprozeß der Gruppe dargestellt wird, sind zunächst sehr unterschwellig und fein in den Wahrnehmungsprozeß eingearbeitet. Erstmalig nimmt man ihn wahr, wenn er aus der Reihe der Chorjungen, die auf Jacks Befehl stillstehen, in einem Ohnmachtsanfall herausfällt. Der Auftritt des Chors war von den übrigen Jungen mit besonderem Interesse verfolgt worden und stand als szenisches Ereignis im Mittelpunkt des Arrangements. Mit dem Gesang eines Kyrie eleisons näherte sich die Gruppe, die später auch durch eine fanfarenartige Blasmusik in ihrer militärischen Organisation charakterisiert wird. Die Uniform der Chorjungen wirkt übertrieben christlich und dadurch komisch: In ihren Roben und Halskrausen sehen die Knaben wie eine Abordnung kleiner Päpste aus. Der Chor zu Anfang stellt für das Montageprinzip des Films eine feste Einheit dar, die später nach der Wandlung zur Jägergruppe den Bildausschnitt noch einmal bestimmt (in der letzten Versammlung sitzen die bemalten Jäger mit Holzspeeren in einer Reihe und schlagen unter Sprechgesängen rhythmisch ihre Speere in den Boden). Simons Ohnmachtsanfall führt dazu, daß die anderen Jungen ihm die Robe ausziehen und ihn in den Schatten legen. Dieser Vorgang wird so in

Szene gesetzt, daß Simon während dieser Aktion von den Jungen ständig verdeckt wird. In der Natur der Sache liegt jedoch das Interesse an dem Gesichtsausdruck und Gemütszustand des erschöpften Jungen. Diese Information wird bald darauf erst mit einer dazwischen montierten Großaufnahme Simons, der wieder aufwacht, nachgereicht. Der szenische Vorgang hebt Simon über die Wirkung der Ankunft des singenden Chors gegen den Willen Jacks in den Mittelpunkt. Dies wird auch durch einige feinere Strukturen gestützt. Während noch das Fanfarenthema der Ankunft auf der zweiten auditiven Schicht ertönt, spricht Ralph zu Jack: "Wir haben eine Versammlung. Ihr könnt daran teilnehmen." Während dieser Satz sich zum out-of-screen Ton wandelt, fällt Simon bereits zu Boden. Dies impliziert auf der Wertungsebene eine Unterbrechung des Fanfarenthemas, sowie die Möglichkeit, den Ohnmachtsanfall als Kommentar zu Ralphs Satz zu deuten, was einerseits Simons Scheu in Versammlungen zu reden und andererseits die Vorausdeutung des negativen Einflusses der Chormitglieder auf die kommenden Versammlungen beschreibt. Die montagebedingte Unterbrechung durch Simons Kollaps mit der nachgereichten Großaufnahme begründet ein Montageprinzip, das im Folgenden mehrmals wiederholt wird. Aufnahmen des schweigenden Simon fallen aus dem Geschehen heraus, sind häufig mit out-of-screen Ton unterlegt und/oder stehen isoliert als Reaktion. Dadurch entsteht ähnlich dem bekannten Kuleschow-Experiment[209], in dem Großaufnahmen eines Schauspielers mit verschiedenen Details gekoppelt wurden, in der Montage der Eindruck eines Bezuges zum Vorangegangenen. Hier wird der Bezug jedoch nicht deutlich, da er nicht auf Details, sondern auf die Sprache, den Dialog gerichtet ist. So entsteht der Eindruck, Simon wolle etwas sagen oder wüßte etwas, das er nicht preisgibt oder preisgeben kann. Obwohl Simon schweigt, deutet die Montage ein mysteriöses wechselseitiges Geschehen, eine korrelative Kommunikation, an.

Diese korrelative Kommunikation kann auch antizipatorische Wirkungen hervorrufen: Nachdem die Jungen Simon in den Schatten gelegt haben, beginnen Piggy, Ralph und Jack, sich mit ihren Vornamen vorzustellen. Dieses Vorstellen verlagert sich wieder in out-of-screen Ton, wenn die Kamera Simon beim Erwachen zeigt, wobei zum ersten Mal das Gesicht des Jungen, der gerade ei-

---

[209] dargestellt in Wuss, 265

nen Anfall erlitt, sichtbar wird. Das nächste Bild zeigt Piggy, ebenfalls im Groß, der nach dem Namen fragt. Man glaubt, wegen dieser beiden Großaufnahmen wäre ein Dialog zwischen Piggy und Simon entstanden, doch diese Antizipation des nächsten Groß, in dem Simon antwortet, wird enttäuscht. Statt dessen setzt die Fanfarenmusik wieder ein, die Kamera fährt langsam die Portraits der Chormitglieder, die noch immer ihre schwarzen Roben tragen, ab. Jeder sagt in der gleichen Einstellung seinen Namen, am Ende aber erscheint im weißen Hemd Simon, im Profil gefilmt, und sagt, in einer anderen Betonung und in einem anderen Rhythmus als die Chormitglieder, zum ersten mal etwas: Seinen Namen. Hier wird die Exposition der Figur durch die Ohnmachtsanfall-Aktion, eine bildliche Exposition und eine akustische Exposition geschickt in drei Teile gegliedert. Die Montage wirkt wie eine Klammer, die von der bildlichen Exposition über Piggys Groß und die Aufnahmen der Chormitglieder wieder zu Simon zurückführt, gleichzeitig enthält sie durch die Kleidung und die Position der Darsteller eine Antithetik zwischen Simon und dem Rest der Chorsänger. Schließlich am Ende der Versammlungsszene, nimmt die Kamera die Subjektive von Ralph ein, der den dritten Teilnehmer für die Expedition auswählen will. Das Bild zeigt die Jungen, die sich völlig aufgeregt melden und mitgenommen werden wollen, in einem authentischen Abstand als wandernden Blick des Anführers. Unvermittelt wird wieder eine Großaufnahme von Simon eingeschoben, während Ralphs Stimme ihn fragt, ob es ihm wieder gut geht. Simon hat zusätzlich einen Schatten auf dem Gesicht, der ihm eine deutlich andere Wirkung als zuvor verleiht. Obwohl der Abstand zwischen beiden unverändert blieb, bewirkt dieses Groß im Wahrnehmungsprozeß eine besondere Nähe zwischen Ralph und Simon, weil das zu große, aus dem logischen Zusammenhang gerissene Bild einen intensiven Augenkontakt zwischen Ralph und Simon andeutet. Wieder erzeugt die Länge der Einstellung, in der Simon durch eine leichte Veränderung in der Mimik eine Reaktion oder ein Gefühl entfernt andeutet, einen wechselhaften Bezug, der zwar letztlich der Spekulation des Rezipienten unterliegt, aber deutlich Interesse und Kommunikation beschreibt.

Diese Montagewirkung, die nicht sehr auffällig gestaltet ist, erlangt im Verlauf des Films deshalb Beachtung, weil durch den oben beschriebenen Kamerastil gerade ein einvernehmendes Gespräch in einer harmonischen Schuß/Ge-

genschußmontage zwischen Personen ständig vermieden wird. Selbst die Gespräche zwischen Ralph und Piggy, die eine angemessene Tiefe bei der Reflexion der Gruppenprobleme erreichen, sind selten in einer Einstellung gedreht, die die gegenseitige Kommunikation auch abbildet. Auch wegen dieses Kamerastils wird die Darstellung des später "blinden" Piggys, der den Jägern kurz vor seiner Ermordung eine moralische Rede halten will, sehr dramatisch: Hilflos gegen die Sonne blinzelnd versucht er, Gesprächspartner auszumachen und sie zu beeinflussen, während ihm die Gefährlichkeit Rogers nicht bewußt werden kann.

Während der folgenden Expedition von Ralph, Jack und Simon, die mit harmonischer Flötenmusik unterlegt wurde, bricht Jack den Einklang mit der Natur, als er beim ersten Anblick eines Wildschweins sofort das Messer zieht, um es zu töten (dann die Handlung aber wegen einer inneren Hemmung abbricht). Simon dagegen, der seinen Schlips lose um den Hals trägt und sich damit ein Stück weiter vom Chor und seiner Kleiderordnung entfernt hat, bestätigt die Atmosphäre der Szene, indem er wie ein Naturforscher die Blüte einer Blattpflanze mit sensibler Wißbegierde untersucht. Jack schlägt dagegen ein Blatt der Pflanze mit dem Messer ab, was Simon zu einem verwunderten nachdenklichen Blick veranlaßt. In diesem Moment ertönt auf der Tonspur im Sinne einer Vorausdeutung auf Simons Tod das Geräusch von Fliegen. Im weiteren Verlauf sind wieder die laufenden Gespräche der anderen zu hören, wenn Simons Großaufnahme mit seinem nachdenklichen Gesichtsausdruck erscheint. Der im Vergleich oft größere Abbildungsmaßstab und die sensible Unbeweglichkeit unterscheiden Simon von den anderen Jungen, die abwechselnd Angst, Amüsement oder Spott und Hysterie ausdrücken, wenn das Thema der Bestie die Runde macht. Simon geht während der folgenden Szene am Feuer in der Masse unter, er erhält aber neben Jack als einzige Figur danach eine epische Soloszene im Wald, in der er eine Eidechse untersucht, sie streichelt und mit ihr spielt. Auch hier ist der Abbildungsmaßstab sehr groß, so daß es voll zur Geltung kommt, wenn das Tier an Simons Stirn springt und auf seine Hand zurückfällt, während er dies ohne Furcht oder Erschrecken geschehen läßt[210]. Gleichzeitig mit dem

---

[210] Diese Szene stammt nicht aus der Literaturvorlage, sie wurde von Brook der Handlung hinzugefügt.

biologischen Interesse ist hier auch der Umgang mit einem "Biest", einem unbekannten Reptil, exemplarisch auf der Symbolebene erfaßt worden.

Das Problem der shelters, der Unterkünfte gegen Sturm und Regen, das bei Golding einen größeren Raum einnahm, behandelte Brook in einer einzigen epischen Szene, in der Ralph mit Simon Hütten mit Palmdach errichtet, während Piggy in der Sonne liegt. Die anderen Kinder spielen mit den für die Unterkünfte benötigten Palmzweigen und/oder geben sich zahlreichen Freizeitvergnügungen hin.

Im Folgenden exponiert sich Simon durch mehrere soziale Handlungen: Als Jack Piggy die Brille vom Kopf schlägt, reicht er sie Piggy zurück, ebenso gibt er Piggy, der Jack vergeblich um seinen Anteil bat, seine Portion Fleisch vom ersten erlegten Schwein zu essen, während allen anderen Jungen einschließlich Ralph egal ist, ob der dicke Junge etwas zu essen hat oder nicht. Die Individualität Simons steht wieder inmitten einer Szenenbewegung, die hier vom Spott über Piggy zu einem Wutausbruch Jacks führt, den Simon aber, indem er weiter ißt, ignoriert.

Die spätere Gruppenversammlung zeigt viele Darsteller, die vorher kaum erkannt und eingeordnet werden konnten, in Großaufnahmen. Das Angstgespräch um die Bestie verläuft so, nach dem szenischen Vorgang um den kleinen Percival, gruppendynamisch in der Beschwörung monomanischer Einzelverse und Angstvisionen, die die Existenz der Bestie in der Psyche der Jungen festigen. Simons Reaktion darauf macht ihn wieder deutlich zum Außenseiter der Gruppe. Der aus dem Roman übernommene Satz, daß "wenn es ein Biest gibt, wir das selbst sind", wird von ihm sichtlich mit Mühe ausgesprochen, die Kamera zeigt ihn noch, als jemand im Off sagt: "Unsinn" (nuts). Für diesen Satz wurde zum ersten Mal im Film das Stilmittel der langsamen Kamerafahrt in die Großaufnahme benutzt, was eine enorme Betonung der Idee Simons (freilich mehr für den Rezipienten!) bedeutet. Die schlecht formulierte, aber furchtlose Tiefsinnigkeit unterscheidet Simon von dem rationalen Prinzip Piggys[211], welches in seiner verstandesbetonten Grenze Visionen nicht zulassen kann. Die Versammlung endet mit einer "Abstimmung über die Existenz von Geistern", die

---

[211] Die Wertung "Unsinn" stammt im Roman von Piggy

im Dunkeln vorgenommen, positiv verläuft. Schließlich kommt es zur Auseinandersetzung zwischen Jack und Ralph, die die endgültige Trennung der Gruppe zur Folge hat.

Im anschließenden Gespräch zwischen Ralph und Piggy kehrt die Regie ein Mittel des Off-Tons in der Führung von Simon um. Simon ist zunächst nicht zu sehen. Ralph stellt Piggy eine resignierende Frage dahingehend, daß alle Verstandesregeln hier auf der Insel nichts nützen und das ihnen vielleicht "irgend etwas zusehe und abwarte". Diese Frage bleibt von Piggy unbeantwortet und geht über dessen Rationalität hinaus, weil sie philosophisch gestellt ist. Aus dem Off ertönt in diesem Moment Simons Stimme: "Sei weiter unser Anführer, Ralph." Simon erschreckt die beiden durch seine unvermittelte Antwort und setzt sich dann zu ihnen. Die Antwort aus dem Nichts (im Film einmalig) beinhaltet mehrere mögliche Bedeutungen. Einmal ist Simon ein so guter Zuhörer, daß er von außen im übertragenen Sinn in alle Probleme eindringen kann, zweitens kann er eine Frage, die wie hier rational gestellt ist, aber das Selbstbewußtsein und den Glauben meint, abstrahieren und auf der richtigen Seite beantworten. Drittens wird er als der gute Geist, der Piggy und Ralph ständig unauffällig in allen Szenen beistand, bestätigt. Die Umkehrung der Regie liegt darin, daß nun der Off-Ton eine Antwort des "unsichtbaren" Simon enthält, wohingegen vorher Dialogteile der anderen auf der Tonspur gleichzeitig mit Simons Großaufnahme abliefen. Auch die Umkehr dieser Darstellung entspricht einer Idee von Frage und Antwort, von korrelativer Kommunikation, die bei der Inszenierung Simons eine übergeordnete Rolle spielt. Dies bestätigt sich noch deutlicher in den beiden Erkenntnisszenen Simons, die wie im Roman mit der symbolischen Machtübernahme Jacks und seinem Schlachtfest parallel erzählt werden.

Simon, der die Jagd beobachtet hat, tritt nun hervor, betrachtet sich in Ruhe den von Fliegen umschwirrten Schweinekopf und setzt sich vor ihm nieder. Der visionierte Dialog mit dem Herrn der Fliegen, der im Roman eine Schlüsselfunktion erfüllte, wird darauf mit Kamerafahrten auf übernahe Einstellungen des Opfers und Simons in Schuß/Gegenschußperspektive realisiert. Obwohl auf die Darstellung einer Gedankenstimme verzichtet wurde, die auch, ohne exponiert zu sein, nicht die gewünschte Tiefenwirkung entfalten könnte, erreicht die dialogische Nähe der Montage eine angemessene Intensität. Die Fliegen, die den Schweinekopf umschwirren, sind mehrmals vorher Bestandteil der Szenenhandlungen gewesen. Sie sind ein Störfaktor der pazifischen Umgebung und könnten symbolisch in einer infektiösen Verbreitung die innere Krankheit, die Angst, genährt haben. Während der Chor in der vorigen Szene noch mit einem Kyrie eleison Gesang abrückte, der auf seine Herkunft verweist und rhythmisch als Trommelschlag umgedeutet später die Wildheit und Aggression der Jäger untermalt, hört man auf der Tonspur während Simons Szene einen militärisch anmutenden Trommelwirbelschlag, der an die Bilder des Filmvorspanns erinnert, in denen das Schul- und Gesellschaftssystem der in den Krieg verstrickten Engländer plastisch geschildert wurde. Simons furchtloses Gesicht vor dem Schweinekopf vertieft das Verständnis dessen, was das Biest aus der Herkunft der Jungen heraus für die nun entstandene Gruppenpsychose der Angst bedeutet.

Die Montage verweist in ihrem Rhythmus auf einen Stillstand der Vertiefung, die eine Rezeptionswirkung nach sich zieht, welche den Zuschauer zur Reflexion auffordert. Die Fahrt ins Groß, die bei Simons Ausspruch über das Biest ("ich meine, daß wir das selbst sind") erstmalig eingesetzt wurde, erreicht hier die naheste Einstellung des Films, Simons Gesicht und das von Fliegen umschwärmte Maul des toten Schweins. Simon, der sich die Zeit nimmt, vor dem Schwein niederzuknien und symbolisch eine Frage an das Biest zu stellen, erhält die Antwort auf einer meditativen Ebene dadurch, daß er gerade den Mut und die Fähigkeit zur Reflexion aufbringt, die die kultreligiöse Funktion des Opfers decodieren kann. Die konventionelle Schuß/Gegenschußeinstellung, die der Film oft vermissen läßt, findet sich hier als symbolische Erkenntnis in einem dialogisch-korrelativen Wirkungsmechanismus wieder.

Im nächsten parallelen Anschluß steht Simon in einer Totale neben dem Herrn der Fliegen, wendet sich ab und geht langsam in Richtung Berg aus dem Bild. Simon, der im Film oft in das Bild hinein- oder herausgehend gezeigt wird, zeigt einmal mehr seine Grundeigenschaft des suchenden Entdeckers. Im Zusammenhang mit der zweiten Erkenntnis des Toten auf dem Berg fällt auf, daß die parallel erzählte Fest-Szene am Meer nicht nur durch die Atmosphäre, sondern auch durch andere Mittel von Simons Darstellung distanziert wird. So gibt es plötzlich einen Wolkenbruch, der aber dazu führt, daß nur die Jungen auf dem Fest im Regen gezeigt werden, wohingegen Simon als weit entfernt im

Trockenen gezeigt wird, was wegen der Räumlichkeit und Nähe auf der Insel logisch eigentlich nicht möglich ist. Der Regen trägt mit den Geräuschenden der sich steigernden Jagdrituale zu einer lauten Szenenatmosphäre bei, während Simon bei seiner Expedition eine einsame Ruhe umgibt. Diese Ruhe läßt sich wegen der bereits oft wiederholten Gegensätzlichkeit in der Führung Simons auch auf eine philosophische Ebene übertragen.

Die Montage der zweiten Erkenntnis Simons verläuft nahezu ohne Geräusche auf der Tonspur. Simons Kopf taucht weiter entfernt im Bildhintergrund auf. In Umkehrung zu den auf ihn beschränkten Kamerafahrten nähert sich nun der Kopf langsam, weil Simon vorsichtig nach vorne auf die Kamera zu in eine Großaufnahme hineingeht. Er bleibt einen Moment lang stehen. Das sehr lange unbewegliche Bild des toten Piloten folgt, es ist die längste stehende Einstellung im gesamten Film. Im Anschluß zeigt sich wieder Simons Großaufnahme, nun geht Simon genau so langsam aus der Großaufnahme zurück, wie er vorher nach vorne schritt. Diese Montage bildet ein Zeichen, das in eine Klammer eingebunden die zentrierte Erkenntnis beschreibt. Entschlüsselt wird dabei ein Prinzip des Innenlebens des Simon, das sich selbst modellhaft inszeniert. Die Aktion erinnert an ein gleichsam wissenschaftliches Vorgehen, das in die Phasen Sehen, Erkennen und Verstehen eingeteilt werden kann. Im philosophischen Kontext entspricht es einer Erfahrung dialektischer Natur, die These (Existenz eines Ungeheuers), Antithese (toter Pilot) und Synthese (erlösende Erkenntnis) verbindet. Gleichzeitig wurde wieder ein Prozeß der schon belegten korrelativen Kommunikation Simons geschildert.

Auf Simons Tod, der als anonymer Ritualmord gefilmt wurde, folgt eine lange Einstellung, in der sein Leichnam nachts im Meer liegt. Dabei sieht es so aus, als würde das Wasser ihn rein waschen. Ein Kyrie eleison Gesang ertönt, der jedoch im Gegensatz zu dem rhythmisch-primitiven Gesang des Chors sehr viel Zärtlichkeit und Passion ausdrückt. Sterne glitzern dazu im Meerwasser. Simon wird durch diese Inszenierung wie ein Heiliger bestattet. Die Tragik seines Todes ergibt sich jedoch vorrangig aus der Führung durch die benannten filmischen Mittel, die ein Defizit der Gruppe (die Unfähigkeit zur Reflexion) im Gegensatz zu einer Leistung des Einzelnen beschreiben.

V. Schlußbemerkung

Aus den bearbeiteten Beispielen der Nebenfigurendramaturgie lassen sich mehrere Aspekte zusammentragen, die zur Belebung einer Diskussion um Funktionen der Nebenfigur beitragen können. Doch wie jeweils die Konflikt- oder Handlungssituation auch in Mise en scène, in der Montage, in der Tonbearbeitung und in der vergleichenden Wertung mit anderen Neben- und Hauptfiguren ausgestaltet ist; es handelt sich letztendlich um strukturelle Formen von Variablen, die ihre Wirkung im Wahrnehmungsprozeß in unterschiedliche Teilbereiche zerstreuen. Darum wird man selten eine ausschließliche Funktion bestimmen können, im Gegenteil aber wird man in vielen verschiedenen Richtungen immer mehr Informationen zur Handlung und zu verschiedenen Beziehungsebenen erhalten. Diese Informationen entsprechen nicht immer den primären Wahrnehmungsmustern der Haupthandlungsstränge und sind somit in gängigen Inhaltsangaben und Kommentierungen von Filmen oft nicht aufzufinden. Nicht zuletzt deswegen konnten die Inhaltsangaben in dieser Arbeit, die außerdem der chronologischen Entwicklung des Wahrnehmungsprozesses folgen wollten, nicht aus der Literatur übernommen werden (siehe Kritik im Beispiel von *High Noon*, s.o. III 4 b).

Feinere Umschwünge und Entwicklungen im Nebenfigurenbereich können eine eigene Dynamik haben, die sich in der medientypischen Vielfalt von Perspektiven und Szenen im Filmwerk weiterträgt. Die genaue Erfassung dieser Strukturen beweist durch figurentechnische Argumente Bauweisen der Dramaturgie, die bisher übersehen oder als Wirkung von Montagen und Wahrnehmungspsychologie in einem anderen Kontext angedeutet wurden. Der Vorteil der figurentechnischen Argumentation liegt in der unmittelbaren Beziehung zum Konfliktpotential, das in der Regel den größten Einfluß auf den Fortgang der Handlung hat. Um diesen Effekt zu optimieren, müßte man den Konfliktbegriff, der aus der Geschichte der aristotelischen Dramaturgie in einer Fixierung auf Zentralkonflikte angewandt wurde, allerdings so erweitern, daß er auf jeden Fortgang von Ereignissen, also auch auf epische Strukturen und dokumentarische Berichtformen, bezogen werden kann. Hierfür bedarf es in dramaturgischer und filmwissenschaftlicher Hinsicht noch einiger Erklärungen und Erweiterungen. Bei der Arbeit mit Konfliktbereichen fällt auf, daß selbst topikale Formen der Erzählstruktur in einer handlungstechnischen Distanz den Vorgang um die Nebenfigur in die unmittelbare Nähe eines zentralen Konflikts der Hauptfigur rücken können (Beispiel III 5). Auch wenn sich dieses Ergebnis zum großen Teil als unbewußte Wahrnehmungsstruktur des Rezipienten erwies, so ist doch außer Frage, daß die analoge Nähe der beiden Szenen (Timmy und Showdown Harmonikas) sich auch auf eine Analogie der Konflikte beider Figuren aufbaute (Die Ermordung von Familienangehörigen). Doch diese Analogie hätte allein nicht ausgereicht, um sie bei der Untersuchung in den Vordergrund zu stellen. Nur unter Einbeziehung der Erzählstruktur und unter Berücksichtigung der Affektwirkung konnte die Timmy-Szene in dieser Art gewertet werden. Darum ist die Abwägung verschiedener Faktoren bei der Untersuchung der Nebenfigur sehr wichtig. Folgende Übersicht vermittelt den Hintergrund für die Analysen, die in dieser Arbeit getätigt wurden:

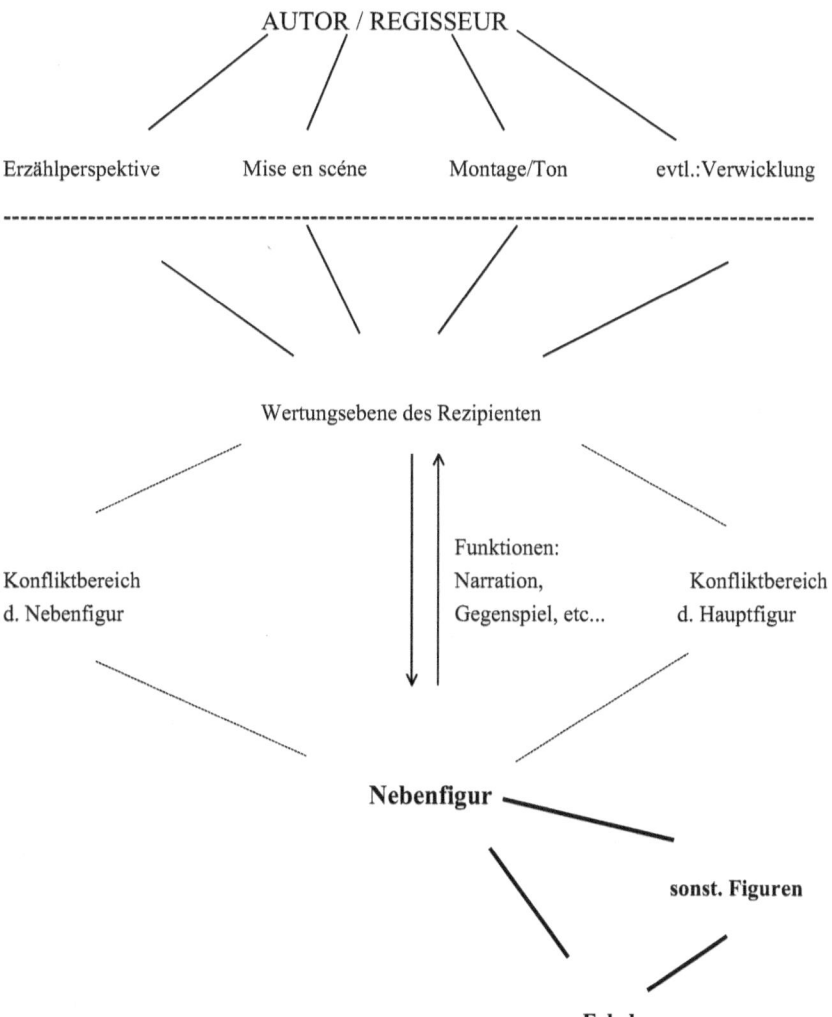

VI. Literaturverzeichnis

Ahlström	Ahlström, Stellan, (Hrsg.), Strindberg im Zeugnis der Zeitgenossen, Leipzig/Weimar, 1982
Aischylos	Aischylos, Orestie, Stuttgart, 1987
Aristoteles	Aristoteles, Poetik, Stuttgart, 1982
Arnoldt	Arnoldt, Richard, Der Chor im Agamemnon des Aischylos, Halle, 1881
Benesch	Benesch, Hellmuth, Enzyklopädisches Wörterbuch Klinische Psychologie und Psychiatrie, Weinheim, 1995
Bordwell	Bordwell, David, u. Thompson, Kristin, Film Art, An Introduction, New York/London/Paris etc..., 1997
Brecht	Brecht, Bertolt, Schriften zum Theater, Bd. 6, Frankfurt/M., 1964
Cechov	Cechov, Michail A., Die Kunst des Schauspielers, Stuttgart, 1990
Crumbach	Crumbach, Franz Hubert, Die Struktur des Epischen Theaters, Dramaturgie der Kontraste, Braunschweig, 1960
Dörner u.a.	Dörner, Dietrich, Reither, Franz u. Stäudel, Thea, Emotion und problemlösendes Denken, in Mandl, Heinz u. Huber, Günther, Emotion und Kognition, München/Wien/Baltimore, 1983
Dreher	Dreher, Eduard, Der Traum als Erlebnis, München, 1981
DTV-Atlas zur Psychologie	Benesch, Hellmuth u. Saalfeld, Hermann Frhr.v., DTV-Atlas zur Psychologie, Bd I u. II, 3.Aufl., München, 1993
Dürrenmatt	Dürrenmatt, Friedrich, Theaterprobleme, Zürich, 1955
Eco I	Eco, Umberto, Lector in fabula, München/Wien, 1987
Eco II	Eco, Umberto, Im Labyrinth der Vernunft. Texte über Kunst und Zeichen, Leipzig, 1989

Euripides	Euripides, Tragödien, Zürich/München, 1990
Everschor	Everschor, Franz, Ein Beobachter menschlicher Krisen, Zum Tod von Fred Zinnemann, in Filmdienst, Nr. 8, 1997
Faucault	Faucault, Michel, Die Ordnung der Dinge, Frankfurt/M., 1974
Field	Field, Syd, Das Drehbuch *in* Syd Field, Peter Märthesheimer, Wolfgang Längsfeld u.a., Drehbuchschreiben für Film und Fernsehen, 5. Aufl., München, 1994
French	French, Philip, Westerns, Aspects of a movie genre, New York, 1977
Freytag	Freytag, Gustaf, Die Technik des Dramas, Leipzig, 1872
Gehler	Gehler, Fred, Spiel mir das Lied vom Tod, Kritik, in Sonntag, Berlin, v. 16. 8. 1981
Goldau	Goldau, Antje u.a, Zinnemann, Berlin, 1986
Golding	Golding, William, Lord of the flies, Hamburg, 5. Aufl., 1985
Hant	Hant, Peter, Das Drehbuch, Waldeck, 1992
Hegel	Hegel, Georg Wilhelm Friedrich, Ästhetik, Bd. II, Berlin/Weimar, 1984
Hettner	Hettner, Hermann, Schriften zur Literatur, Berlin/Weimar, 1959
Hofstätter	Hofstätter, Peter R., Gruppendynamik, Kritik der Massenpsychologie, Hamburg, 1986
Joachimi-Deges	Joachimi-Deges, Marie, Deutsche Shakespeare-Probleme im 18. Jahrhundert und im Zeitalter der Romantik, Hildesheim, 1972
Kaiser	Kaiser, Joachim, Prophet seelischer Finsternisse, Was wir Tennesseee Williams zu danken haben, in Süddeutsche Zeitung vom 28. 2. 1983, 29

Kindlers	Kindlers neues Literaturlexikon, hrsg. v. Jens, Walter, Studienausgabe, Bd. 6, München, 1988
Klotz	Klotz, Volker, Offene und geschlossene Form im Drama, 13. Aufl., München, 1992
Knaurs	Knaurs Großer Schauspielführer, hrsg.v. Radler, Rudolf, München, 1988
Königs	Königs Erläuterungen und Materialien, Neis, Edgar, William Golding, Herr der Fliegen, 7.Aufl., Hollfeld, 1994
Kracauer I	Kracauer, Siegfried, Theorie des Films, Frankfurt/Main, 1985
Kracauer II	Kracauer, Siegfried, Von Caligari zu Hitler, hrsg v Witte, Karsten, Frankfurt/Main, 1979
Krusche	Krusche, Dieter, Fünfzig Jahre Wildwestfilm, in Filmforum, Nr. 11, 1953, 5ff
Kuch	Kuch, Heinrich (Hrsg.), Die griechische Tragödie in ihrer gesellschaftlichen Funktion, Berlin, 1983
Kuchenbuch	Kuchenbuch, Thomas, Filmanalyse, Theorien-Modelle-Kritik, Köln, 1978
Lenz I	Lenz, Jakob Michael Reinhold, Anmerkungen übers Theater, in: Sturm und Drang, Hrsg.: Wacker, Manfred, Darmstadt, 1985, 550ff
Lenz II	Lenz, Jakob Michael Reinhold, Die Soldaten, Stuttgart, 1993
Lexikon-Int.Film	Lexikon des internationalen Films, (CD-Rom), München, 1997
Linz	Linz, Martin, High Noon, Literaturwissenschaft als Medienwissenschaft, diss., Tübingen, 1983
Lukács	Lukács, Georg, Die Eigenart des Ästhetischen, Berlin/Weimar, 1981

Mäde	Mäde, Michael, Die soziale Gruppe als Träger und Austragungsort von Konflikten innerhalb von dramaturgischen Strukturen der Filme "Wahrnehmung der Zeugen" und "Vogelscheuche", Potsdam-Babelsberg, 1987
Meyer	Meyer, Corinna, Der Prozeß des Filmverstehens, hrsg. v. Hoefer, Georg, Alfeld/Leine, 1996
Patalas	Patalas, Enno, 12 Uhr mittags (High Noon) in Filmkritik Nr.4, 1965, 197ff
Prokop	Prokop, Dieter, Materialien zur Theorie des Films; Ästhetik, Soziologie, Politik, München, 1971
Rabenalt	Rabenalt, Peter, Dramaturgie der Filmmusik, in 'Aus Theorie und Praxis des Films', 3/1986, Berlin, 1986
Richter	Richter, Jürgen, Zwei Klassiker-Hits im Programmkino Ost, Sächsische Zeitung, Dresden, v. 6. 7. 1995
Riemann	Riemann, Fritz, Grundformen der Angst, München/Basel, 1989
Schadewaldt	Schadewaldt, Wolfgang, Die griechische Tragödie, Frankfurt/M., 1991
Schein	Schein, Harry, The olympic cowboy, in American Scholar, No. 24, summer 1955, 309-320
Schröder	Schröder, Ralf J., Vom Drama zum Film, Außersprachliche Zeichen in Tennessee Williams "A Streetcar named Desire", Würzburg, 1983
Schütt	Schütt, Heinz-Dieter, Ein Kino-Melodrama auf Western-Pferd, Junge Welt, Berlin, v. 31. 7. 1981
Schulz	Schulz, Genia, Heiner Müller, Stuttgart, 1980
Seesslen I	Seesslen, Georg, Kino der Angst: Thriller, Marburg, 1995
Seesslen II	Seesslen, Georg, Western, Geschichte und Mythologie des Westernfilms, Marburg, 1995

Seesslen III	Seesslen, Georg, Kino der Gefühle, hrsg.v. Roloff, Bernhard, Hamburg, 1980
Shakespeare	Shakespeare, William, Werke in vier Bänden, Bd. I, Tragödien, Salzburg, 1979
Sicalin	Sicalin, Jurij, Die Krise der traditionellen Weltanschauung in den trojanischen Tragödien des Euripides, *in* Kuch, Heinrich, Die griechische Tragödie in ihrer gesellschaftlichen Funktion, Berlin, 1983
Sophokles	Sophokles, Antigone, Stuttgart, 1955
	Sophokles, Ödipus, Stuttgart, 1954
Szondi	Szondi, Peter, Theorie des modernen Dramas, Frankfurt/M., 1963
Tarkowskij	Tarkowskij, Andrej, Die versiegelte Zeit, Leipzig/Weimar, 1989
Thomson	Thomson, George, Äschylos und Athen, Berlin, 1956
Truffaut	Truffaut, Francois, Mr. Hitchcock, wie haben Sie das gemacht?, München, 1973
Vale	Vale, Eugene, Die Technik des Drehbuchschreibens für Film und Fernsehen, 3. Aufl., München, 1992
Voigts	Voigts, Manfred, Brechts Theaterkonzeption, Entstehung und Entwicklung bis 1931, München, 1977
Wagner	Wagner, Richard, Oper und Drama, in 'Ausgewählte Schriften', Leipzig, 1982
Weimann I	Weimann, Robert, Shakespeare und die Tradition des Volkstheaters, Berlin, 1967
Weimann II	Weimann, Robert, Shakespeare und die Macht der Mimesis, Berlin/Weimar, 1988
Weiß	Weiß, Wolfgang, Das Drama der Shakespeare-Zeit, Stuttgart/Berlin, 1979
Weiss	Weiss, Peter, Stücke II/1, Frankfurt/Main, 1977

Wendt	Wendt, Ernst, Moderne Dramaturgie, Frankfurt/M., 1974
Western-Lexikon	Das Western Lexikon, hrsg. v. Matt, Bernhard, Autoren: Hembus, Benjamin; Singer, Ruth u.a., München, 1976
Wuss	Wuss, Peter, Filmanalyse und Psychologie, Berlin, 1993
Zurhorst	Zurhorst, Meinholf, Spiel mir das Lied vom Tod, Kritik, in Rheinischer Merkur, v. 15. 1. 1988

www.ingramcontent.com/pod-product-compliance
Lightning Source LLC
Chambersburg PA
CBHW020127010526
44115CB00008B/1006